AF461662

VIE

DE

MGR DE VILLENEUFVE

ÉVÊQUE DE VIVIERS ET DE MONTPELLIER.

OUVRAGES DU MÊME AUTEUR.

Le Livre du bon Soldat, 2e édition. Paris, 1856 (*Épuisé*).

Les saints Soldats. Carpentras, 1854 (*Épuisé*).

Histoire de la ville de Malaucène et de son Territoire, en collaboration de M. Alfred Saurel, 2 vol. in-8°. Marseille, 1882 et 1883.

Abrégé de l'Histoire de Malaucène, 2e édition, 1 vol. in-8°. Montpellier, 1886.

Aeria ; Recherches sur son emplacement, 1 vol. in-8°. Montpellier, 1885.

Clairier; Véritable emplacement d'Aeria, 1 vol. in-8. Montpellier, 1887.

L'Évêque François-Renaud de Villeneufve (Extrait des *Mémoires de l'Académie des Sciences et Lettres de Montpellier*, Section des Lettres, tom. VIII, 1888-1889), 1 vol. in-4°. Montpellier, 1889 (*Épuisé*).

EN PRÉPARATION :

VIE DE Mgr MARIE-NICOLAS FOURNIER

ÉVÊQUE DE MONTPELLIER, BARON DE LA CONTAMINE.

Montpellier. — Typogr. Charles Boehm.

Mgr De VILLENEUFVE

ÉVÊQUE DE VIVIERS ET DE MONTPELLIER

(1683-1766).

VIE

DE

MGR DE VILLENEUFVE

ÉVÊQUE DE VIVIERS ET DE MONTPELLIER

Par l'Abbé Ferdinand SAUREL

CHANOINE HONORAIRE DE MONTPELLIER,
OFFICIER D'ACADÉMIE,
CORRESPONDANT DU MINISTÈRE DE L'INSTRUCTION PUBLIQUE,
MEMBRE TITULAIRE DE L'ACADÉMIE DES SCIENCES ET LETTRES DE MONTPELLIER
ET DE LA SOCIÉTÉ ARCHÉOLOGIQUE DE LA MÊME VILLE, ETC.

MONTPELLIER
CHEZ LES
PRINCIPAUX LIBRAIRES

AVIGNON
J. ROUMANILLE
19, Rue Saint-Agricol

1889

AVANT-PROPOS

Sous ce titre : L'Évêque François-Renaud de Villeneufve, nous avons publié dans les *Mémoires de l'Académie des Sciences et Lettres de Montpellier* (Section des Lettres, tome VIII, 1888-1889), une assez longue étude d'histoire ecclésiastique locale au XVIIIe siècle.

Reproduit en un tirage à part et soumis à l'autorité ecclésiastique dans les divers diocèses où vécut Mgr de Villeneufve, notre travail nous a valu des lettres on ne peut plus flatteuses de NN. SS. les Évêques et Archevêques de Montpellier, Viviers, Marseille, Aix et Avignon.

Ces hautes approbations figurent en tête de notre ouvrage ; nous ne les reproduirons pas ici.

Le petit volume que nous éditons aujourd'hui, débarrassé des textes originaux, des pièces justificatives et de l'indication des sources où nous avons puisé, fixera plus facilement le regard du lecteur sur la belle et sympathique physionomie d'une de nos illustrations épiscopales les plus pures, et pourra peut-être opérer quelque bien.

C'est là tout notre désir.

VIE

DE

MGR DE VILLENEUFVE

ÉVÊQUE DE VIVIERS ET DE MONTPELLIER.

CHAPITRE PREMIER.

Son origine. — Ses débuts. — Son rôle pendant la peste de 1720. — Nommé à l'évêché de Viviers, il s'occupe de la science et de la discipline ecclésiastique, de l'instruction et de l'éducation des enfants. — Il visite beaucoup ses paroisses et organise des missions pour ramener les jansénistes et les protestants. — Sa vie privée, sa charité.

François-Renaud de Villeneufve naquit à Aix, en Provence, le 2 avril 1683, d'une famille aux mœurs chrétiennes.

Louis de Villeneufve avait entrepris à Marseille d'importantes opérations commerciales, à la suite desquelles il se vit en possession d'une belle fortune. Il quitta le négoce et se fit pourvoir d'un office de secrétaire du roi, audiencier en la chancellerie près la cour des comptes de Provence, à Aix. A sa mort, François, un de ses fils, lui succéda dans sa charge et s'unit en mariage à Magdeleine de Forbin, dont il eut, en vingt et un ans, jusqu'à dix-sept enfants.

« Famille vraiment digne des patriarches, s'écrie avec raison M. Charles de Ribbe, secrétaire perpétuel de l'Académie d'Aix ; pour moi, qui me suis consacré à l'étude des familles au point de vue de la constitution chrétienne, morale et sociale de l'ancienne France, je recueille volontiers de tels exemples de fécondité. Il y a

2

là une vivante preuve de la supériorité des mœurs de cette époque. La stérilité des mariages n'est-elle pas une des grandes plaies actuelles de notre pays? »

Deux filles embrassèrent la vie religieuse. Cinq garçons devinrent soldats et se firent tuer sur les champs de bataille. Un autre, Louis-Sauveur, l'aîné de tous, marquis de Forcalqueiret, fut successivement lieutenant général en la sénéchaussée de Marseille, comme son père, auquel il avait succédé, ambassadeur de France à Constantinople et ministre plénipotentiaire dans les négociations engagées au nom de Louis XV avec les empereurs de Turquie, de Russie et d'Allemagne, et qui se terminèrent par la paix de Belgrade, en 1739.

François-Renaud, objet de la présente notice biographique, qui occupait le quatrième rang par ordre de progéniture, embrassa l'état ecclésiastique et parvint de bonne heure à l'épiscopat.

Par sa naissance, il appartenait au diocèse d'Aix. Daniel de Cosnac, qui pour lors en était archevêque, consentit à ce qu'il reçût la tonsure cléricale avant l'âge de 10 ans. Il permit même qu'elle lui fût conférée par Jean de Gaillard, évêque et prince d'Apt, avec lequel le lieutenant général était en relation d'amitié.

Une fois admis dans les rang du clergé, l'enfant se livra tout entier à l'étude et n'eut d'autre ambition que d'acquérir la science propre à l'état qu'il venait d'embrasser. Placé quelques années plus tard au séminaire d'Avignon, nouvellement fondé par les prêtres de la Congrégation de la Sainte-Garde, il suivit les cours de l'Université de cette ville, et ses progrès furent tels que, n'ayant pas encore atteint l'âge de 18 ans, il se présentait devant ses maîtres pour leur demander le grade de docteur en théologie.

Deux ans après (1700), François de Villeneufve vendait sa charge de conseiller au parlement d'Aix, pour aller occuper celle de lieutenant général en la sénéchaussée de Marseille, mieux à sa convenance.

Notre abbé, alors âgé de 19 ans, obligé de suivre son père dans ce changement de résidence, passait du diocèse d'Aix à celui de Marseille, et devenait ainsi le protégé de l'évêque de cette dernière ville, Charles de Vintimille du Luc, grand ami de François de Villeneufve. Le Prélat connaissait déjà François-Renaud, son amour pour l'étude et ses grands succès; aussi forma-t-il dès lors le projet de favoriser de tout son pouvoir une carrière qui s'annonçait comme devant être brillante. L'occasion ne tarda pas à s'offrir d'elle-même, et, à la mort du chanoine théologal de l'église cathédrale, le jeune docteur fut désigné pour occuper la place devenue vacante et en même temps celle de prieur de l'église collégiale et paroissiale Saint-Martin; il n'était pourtant encore que simple clerc tonsuré. Sur l'invitation qui lui en fut faite par son évêque, il se mit en mesure d'avancer dans la carrière ecclésiastique et de monter par les divers degrés de la hiérarchie sacrée, qui devaient le conduire au sacerdoce. Il reçut enfin la prêtrise, à Marseille, le 18 juin 1707. Il avait alors 24 ans deux mois et cinq jours.

Transféré l'année suivante du siège épiscopal de Marseille à l'archevêché d'Aix, Vintimille appela son protégé dans son nouveau diocèse et puis le nomma presque simultanément supérieur de son séminaire, vicaire général, official et chanoine de la métropole. Tant de titres conférés à la fois à un seul homme témoignaient de la grande estime de celui qui les avait donnés. Par son zèle à défendre les intérêts de la foi catholique et par son courageux dévouement à secourir les malades atteints de la peste, Villeneufve sut pleinement justifier la confiance dont il était l'objet.

Appelé, en 1720, à faire partie de la commission municipale chargée de lutter contre l'épidémie, il sut se multiplier et procurer aux malheureux habitants de la ville et du diocèse les aliments, les médecins, les infirmiers, les remèdes et les secours de la religion. Il donna dans son séminaire l'hospitalité aux chartreux, obligés d'abandonner leur couvent, s'occupa d'une façon toute paternelle des enfants de la maîtrise, tenus en quarantaine dans une étroite maison appelée la *Baraque du Chapitre* et veilla par lui-même sur les pestiférés enfermés dans les infirmeries, allant plusieurs fois par jour s'informer de leur état. Des prêtres, des religieux, des laïques et même des femmes lui avaient courageusement donné leur concours; mais la plupart succombèrent au fléau: dans une ville de 24,000 âmes, on compta 8,000 décès.

Tout en s'occupant des œuvres de la charité chrétienne, le vicaire général pensait à lui-même. Pendant son séjour de plusieurs années au séminaire Sainte-Garde d'Avignon, il avait eu le temps d'apprécier les fondateurs et les premiers membres de cette congrégation.

Ils se proposaient, d'après leurs règles, de lutter contre les ennemis de l'Église catholique et notamment contre les jansénistes et les quiétistes. de prendre la défense des constitutions dogmatiques du Saint-Siège, de se tenir sous l'obéissance la plus absolue des évêques, de s'appliquer à la formation des jeunes élèves, à la prédication de la parole de Dieu dans les missions et à l'assistance des pauvres et des malades dans les calamités publiques, même au péril de leur vie. Ils étaient autorisés, lorsque le bien des âmes le demandait, à conserver leurs bénéfices et leur position dans l'église sans sortir des rangs du clergé séculier; ce qui leur permettait de se mesurer avec les hérétiques quels qu'ils fussent, déclarés ou non.

Un pareil programme remplissait trop parfaitement les vues de notre abbé pour qu'il ne voulût pas entrer dans la congrégation de Sainte-Garde. Il en fit donc la demande, se soumit aux longues épreuves exigées des postulants et devint petit novice, lui, chanoine, supérieur de séminaire, vicaire général et official ! Autorisé à ne point abandonner ses fonctions, si profitables à la société chrétienne, il voyait souvent, soit à Avignon, soit à Sainte-Garde des Champs, les saints fondateurs de l'institut, MM. Bertet et de Salvador. Il les voyait plus fréquemment encore à Aix même, où ils étaient obligés de faire de nombreuses apparitions à cause des missions qu'ils prêchaient dans le diocèse. Après une attente de plusieurs années, ses désirs furent enfin satisfaits, alors que, retenu au service des pestiférés, il donnait de grands exemples de toutes les vertus sacerdotales (7 novembre 1720).

Le gouvernement de Louis XV venait d'appeler l'illustre évêque de Marseille, Belsunce, au siège duché-pairie de Laon, lui donnant pour successeur l'abbé de Villeneufve (17 octobre 1723). La nouvelle fut accueillie avec de vifs sentiments de joie, soit à Aix, soit à Marseille. Marseille perdait un héros de la charité, mais elle se consolait de le voir remplacé par un homme de la même valeur, qu'elle connaissait depuis longtemps et qu'elle avait vu à l'œuvre ; Aix, de son côté, heureuse de l'élévation d'un prêtre bien méritant, et qu'elle affectionnait à l'égal d'un père, se réjouissait de le conserver dans son voisinage, sinon dans ses murs. Les échevins de Marseille s'empressèrent d'aller féliciter le lieutenant général de la sénéchaussée sur la nomination de son frère, puis ils se rendirent à Aix pour complimenter l'évêque élu. Ils y avaient été précédés par les membres du chapitre cathédral. Les lettres de félicitations arrivèrent de toutes parts; un énorme recueil de la bibliothèque Méjanes d'Aix en contient plus de trois cents, émanées de personnages marquants de l'époque.

Mais on avait compté sans le désintéressement de l'évêque Belsunce, qui refusa de quitter la ville de Marseille, et l'abbé de Villeneufve fut désigné par le roi pour occuper le siège épiscopal de Viviers. Le brevet royal de cette seconde nomination fut signé trente-huit jours après le premier (25 novembre 1723). C'était un faible dédommagement.

Néanmoins, un homme sérieux, mais qui ne connaissait point les détails dans lesquels nous venons d'entrer, a fait une grave erreur à ce sujet, dans la *Vie de M. Coustou*, vicaire général de Montpellier. Il considère l'élévation de Villeneufve à l'épiscopat, sur le siège de Viviers, comme le fait d'une méprise occasionnée par une simple similitude de noms.

Sans s'émouvoir beaucoup de ce qu'on l'envoyait à Viviers plutôt qu'à Marseille, l'abbé se remit à expédier les affaires du diocèse d'Aix, en attendant ses bulles. Il les reçut le 2 août 1724 et fut sacré le 13 du même mois dans la chapelle du séminaire de Saint-Sulpice, à Paris, par l'archevêque de Tours, assisté des évêques de Carcassonne et de Vabres.

Le nouveau titulaire devenait comte du Vivarais, prince de Donzère et de Châteauneuf-du-Rhône et seigneur du Bourg-Saint-Andéol. Il entrait en possession de quelques droits féodaux, rares et maigres épaves de l'ancienne puissance des évêques d'Alba Augusta (Aps) et de Viviers; car la baronnie de Largentière, un des plus riches fleurons de la couronne épiscopale du Vivarais, en avait été détachée depuis cinq à six ans et aliénée par le prédécesseur immédiat de Mgr de Villeneufve. En 1724, le revenu total de la mense diocésaine ne dépassait guère 30,000 livres, somme insuffisante pour l'accomplissement de toutes les œuvres charitables qu'il se proposait d'entreprendre et qu'il sut pourtant mener à bonne fin.

A Viviers, la voûte de la nef de l'église cathédrale, abattue par les protestants en 1567, avait été remplacée par un plafond en bois et en plâtre. Villeneufve gémissait de ne pouvoir pas reconstruire cette voûte en pierre de taille et dans le style de celle de l'abside, qui appartient au plus beau gothique flamboyant. Ses ressources ne lui permettant pas d'accomplir ce dessein, il le remit à plus tard. Il restait bien une portion du produit de la vente de Largentière; mais cette somme devait être affectée principalement à l'édification du palais épiscopal. L'Évêque dut en conséquence se borner à faire à son église les dépenses les plus urgentes, entre autres celles d'un maître-autel en marbre et d'une grosse cloche à laquelle il imposa les noms de Saint-Martin et de Saint-Hostian.

Une autre église, celle-ci sous le vocable de saint Laurent, située à peu de distance de la première, fut rebâtie par Villeneufve et inaugurée par lui en 1729.

Trois ans plus tard, il bénit en grande solennité et posa la première pierre de la maison épiscopale, édifice princier dont les plans avaient été dressés par l'architecte Franque, d'Avignon. Dans une des salles du rez-de-chaussée, on remarque de belles fresques dues au pinceau délicat d'un artiste inconnu, représentant avec un rare bonheur de composition et d'exécution les principaux sujets de l'Ancien-Testament.

Le séminaire, situé au sommet de la ville, à quelques pas de la cathédrale et fondé par le célèbre M. Olier, était l'objet des tendres affections et des préoccupations les plus sérieuses de notre pieux Évêque.

Après la révocation de l'Édit de Nantes, un grand nombre de paroisses avaient à leur tête des pasteurs dont la science laissait à désirer. Il parut essentiel à Mgr de Villeneufve de raviver les études spéciales dans son diocèse, afin que les ecclésiastiques fussent à même de prêcher avec fruit.

A part le séminaire de Viviers pour la théologie, il y avait un autre établissement du même genre au Bourg-Saint-Andéol pour la philosophie, dirigé comme le premier par les prêtres de Saint-Sulpice et jouissant également d'une réputation bien méritée. Mgr de Villeneufve forma le dessein de procurer à l'enseignement qui se donnait dans ces deux maisons les honneurs et les privilèges académiques. L'Université de Valence, à laquelle il s'adressa, comprit sa pensée et lui accorda l'union du séminaire de Viviers à la Faculté de Théologie et l'union du séminaire du Bourg-Saint-Andéol à la Faculté des Arts.

Ces démarches, couronnées de succès, étaient un acheminement à une réforme générale visant à la fois la science et la discipline ecclésiastique. Il entreprit de réunir en un seul volume les règlements publiés par ses prédécesseurs, persuadé que ses prêtres, connaissant de plus près leurs devoirs, les rempliraient avec plus de zèle et d'exactitude, et, joignant l'exemple aux préceptes, il mit en pratique ce mot de l'apôtre saint Pierre aux chefs spirituels de la primitive Église : *Devenez les modèles du troupeau par une vertu sincère* (I *Petr.*, V, 3).

C'était le meilleur moyen d'agir efficacement sur les pasteurs et sur les ouailles d'un vaste diocèse hérissé de hautes montagnes et par conséquent difficile à desservir, et qui d'ailleurs comptait 220 paroisses. Il y avait en outre 534 ecclésiastiques, 23 couvents d'hommes peuplés par 275 religieux et 10 monastères de femmes avec 228 religieuses, et enfin 112 prieurés. C'était une lourde charge et une grande responsabilité ; néanmoins rien n'échappait à sa vigilance, et son zèle, d'une activité prodigieuse, lui faisait trouver le temps et les forces dont il avait besoin pour suffire à tout.

Il se montra toujours bienveillant et paternel vis-à-vis de toutes les communautés religieuses, mais sans faiblesse. Il voulait que les règles monastiques fussent observées avec exactitude et ne reculait pas devant les mesures de rigueur lorsque, après un long examen, il les jugeait nécessaires.

Une abbaye de bénédictins située à 3 lieues environ au nord de Viviers, et connue sous le nom de Cruas, avait été, durant de longs siècles, la gloire et la providence du Vivarais. Ruinée par les protestants, la clôture cessa d'y exister. Les huit religieux dont se composait la communauté vivaient isolément dans des maisons dépendant du monastère ou même appartenant à des particuliers, la plupart fort éloignées les unes des autres. Après avoir longtemps examiné ce qu'il convenait de faire en face d'un pareil désordre et avoir attendu seize ou dix-sept ans avant de se décider à prendre un parti, l'Évêque de Viviers pensa le moment venu de liquider une situation devenue impossible. Il rendit une ordonnance de suppression et unit au séminaire de la ville épiscopale l'abbaye de Cruas ; chacun des religieux restant en possession jusqu'à sa mort de ses revenus claustraux et le service divin dans la chapelle du monastère devant être continué par des prêtres séculiers.

Le Prélat considérait la visite des paroisses de son diocèse comme un des principaux devoirs de sa charge, et, dès sa première tournée, il comprit ce que les missions pouvaient faire de bien à son peuple ; il fit appel au zèle infatigable des PP. capucins établis à Villeneuve-de-Berg et à ses confrères de la congrégation de Sainte-Garde, d'Avignon. Il se mit à leur tête et dirigea lui-même la plupart des grandes missions prêchées par ces derniers : Bertet, fondateur et premier supérieur général ; de Salvador, supérieur de la maison d'Avignon et second supérieur général ; Morel de Mons, son parent et son grand-vicaire, qui lui succéda sur le siège de Viviers ; d'Orléans de la Motte, devenu quelques années plus tard évêque d'Amiens ; l'abbé de Thierry, chanoine de la Collégiale de Villeneuve-les-Avignon (ces deux derniers, membres de la congrégation de Sainte-Garde, etc.). L'Évêque présidait les exercices et les cérémonies et ne se ménageait pas pour la prédication, tant était vif son désir de ramener au giron de l'Église catholique les jansénistes et les protestants.

La misère d'une part et l'ignorance de l'autre avaient entraîné dans les nouveautés doctrinales ou dans l'oubli des devoirs religieux des âmes moins coupables que malheureuses. Les conversions survenues après les mesures de rigueur de 1685 étaient généralement peu sincères, et les ministres envoyés dans le pays du Vivarais tenaient toujours en éveil les anciens partisans de la Réforme et parfois les protestants attaquaient encore publiquement les catholiques jusque dans leurs églises. Le Pontife voyait avec douleur cet état de choses ; il eût voulu pouvoir y porter un prompt remède, ramener les protestants et fortifier les nouveaux convertis.

Un des grands moyens employés par les calvinistes pour faire des conquêtes avait été de décrier la conduite peu édifiante du clergé. Une vie sainte et irréprochable devait répondre à ces accusations ; aussi recommandait-il souvent à ses prêtres d'éviter avec soin tout ce qui était de nature à rendre leurs mœurs suspectes, des habitudes correctes et édifiantes devant attirer le respect pour leur personne et pour leur enseignement. Il ne voulait pas que les nouveaux convertis fussent rebutés ou aigris par des manières rudes et impérieuses, par des démarches violentes peu en harmonie avec la douceur évangélique. «Il faut, au contraire, disait-il, leur montrer en toute occasion des sentiments de tendresse et de charité ; les consoler, les soulager, les servir avec empressement et se les attacher par les liens de la reconnaissance pour parvenir à se les unir par les liens de la foi.»

Le protestantisme n'était pas le seul adversaire contre lequel le Pasteur vigilant avait à se tenir en garde. Les nouvelles doctrines du jansénisme désolaient alors l'Église de France et en particulier le diocèse de Viviers.

Jean Soanen, évêque de Senez, s'était ouvertement prononcé en faveur des sectaires et, dans une instruction pastorale, avait levé l'étendard du schisme et de la révolte. Il fut peu après cité devant un concile provincial convoqué à Embrun, métropole du diocèse de Senez (16 août 1727). Dès les premières séances, on décida que, pour rendre plus imposantes les décisions de cette assemblée, on y convoquerait les évêques des provinces voisines. Villeneufve se rendit, prenant avec lui pour son théologien l'abbé de Salvador, de Sainte-Garde. Dans ses rapports obligés avec Soanen, il ne s'écarta jamais du respect et des ménagements dus à un vieillard plus qu'octogénaire. Celui-ci lui en témoigna sa reconnaissance en l'acceptant volontiers pour son juge, alors qu'il récusait plusieurs autres membres du concile.

Néanmoins la présence de Villeneufve à cette réunion irrita contre lui le parti janséniste, d'autant plus que, de retour à Viviers, l'Évêque publia les décrets du concile et la condamnation de Soanen.

On chercha dès lors à le trouver en défaut, afin de pouvoir l'attaquer avec un semblant de justice. L'occasion tardait à s'en présenter lorsque survint un scandale dans lequel on pensa pouvoir l'englober. Nous voulons parler du fameux procès intenté devant le parlement d'Aix par une miserable prétendue visionnaire contre le P. Girard, de la compagnie de Jésus. Après l'acquittement de ce religieux, notre Évêque, avec Mgr de Belsunce et plusieurs autres membres de l'épiscopat français, pensa qu'il était du devoir de la charité chrétienne de donner une marque d'affection et d'estime à une société injustement persécutée et d'honorer un innocent, victime des haines jansénistes; dans ce but, il écrivit au P. Girard, qu'il connaissait déjà et dont il admirait la vertu, l'invitant à venir prendre quelque repos dans sa résidence épiscopale. Le jésuite accepta cette proposition et se rendit à Viviers, où il se vit entouré de respectueuses sympathies.

A l'exemple du divin Maître, Mgr de Villeneufve aimait les enfants à cause de leur innocence et portait à leur instruction première un intérêt tout paternel. Sous l'ancien régime, les évêques avaient la direction supérieure des «petites écoles», dont les maîtres étaient nommés et révoqués par eux et placés sous la surveillance et la direction immédiate des curés : c'était ce qu'on appellerait aujourd'hui du «cléricalisme». L'éducation religieuse avait pour objet avoué de former non seulement de bons citoyens, mais encore de bons chrétiens. Des mesures étaient prises afin que les enfants habitant les quartiers éloignés du chef-lieu paroissial ne fussent point privés de toute instruction. Les écoles mixtes étaient interdites dans le diocèse de Viviers et les enfants de l'un et de l'autre sexe devaient être élevés séparément dans des locaux distincts, les garçons par un maître ou *régent* et les jeunes filles par une maîtresse ou *régente*.

Les régents et régentes, l'Évêque les prenait de préférence dans les communautés religieuses vouées à l'enseignement, sans se laisser arrêter par l'opposition systématique de certaines administrations municipales, qui ne voulaient ni de l'enseignement chrétien, ni même de l'enseignement sérieux. Certains philosophes égoïstes se révoltaient à la pensée de voir l'homme des champs ou l'ouvrier des villes chercher dans l'application à l'étude un moyen honorable d'améliorer sa position. «Il faut, disaient-ils, chasser *ces drôles* qui apprennent au peuple à manier la plume, outil si dangereux en certaines mains !... Si les Frères sont laissés libres, il n'y aura bientôt plus un artisan qui ne sache lire et écrire !... L'intérêt de l'État exigerait leur destruction.»

De nos jours, en plein XIXe siècle, — *siècle des lumières*, — on est moins, franc, et, afin de séduire le peuple, on proclame l'instruction à outrance, « gratuite, obligatoire, laïque » (et sans Dieu). Les extrêmes se touchent !

Notre zélé Prélat regardait le soin d'instruire les enfants des vérités de la religion comme un des premiers devoirs de la charge pastorale ; aussi publia-t-il un nouveau formulaire où l'enseignement chrétien était mis à la portée des jeunes intelligences. Il ne laissait passer aucune occasion de recommander la bonne tenue des catéchismes et voyait avec consolation que ses peines ne demeuraient pas infructueuses.

Il ne négligea pas non plus la liturgie et fit imprimer un

«propre» à l'usage du diocèse de Viviers, instituant trois fêtes qui devaient être célébrées toutes les années sous le rite de première classe avec octave : le Sacerdoce de Notre-Seigneur Jésus-Christ. la Vie intérieure de la B. Vierge-Marie, et saint Vincent, patron du pays; ajoutant les offices de plusieurs saints qui avaient illustré le Vivarais par leur naissance, la pureté de leur vie ou leurs travaux apostoliques.

Afin d'être mieux en état de venir en aide aux malheureux, Mgr de Villeneufve savait s'imposer de rudes privations, vivre même dans une si grande simplicité que plusieurs la trouvaient excessive et peu convenable à son rang. Vêtu comme un simple curé de campagne, il se contentait d'une nourriture très commune et sa table était toujours frugalement servie. Cette conduite lui donnait, en définitive, le droit de recommander à ses prêtres de considérer les pauvres comme appartenant à leur famille et de veiller sur eux avec une attention toute paternelle.

En terminant ce premier chapitre, nous donnerons sur notre Prélat l'appréciation de l'auteur de l'*Histoire* inédite *des Évêques de Viviers*, le fameux abbé Giraud Soulavie, dont personne jusqu'à présent n'a soupçonné la véracité.

«Mgr de Villeneufve, dit-il, avait l'esprit juste et droit, démêlant aisément le vrai, le bon et le bien ; se servant de toutes les voies pour y arriver ; connaissant parfaitement bien ses intérêts et les soutenant avec force; dominant sur tous les ordres séculiers de son diocèse. Il avait très peu d'autorité temporelle, mais en somme il en avait plus que s'il en avait été revêtu. Il commanda toujours dans les États du Vivarais ; son ascendant lui venait moins de son autorité épiscopale que de la singulière réputation que lui avaient acquise son zèle, sa prudence, sa sagacité et surtout sa vertu. Il se servait de tout pour la gloire de Dieu et le bien des âmes. Simple sévère même dans sa vie privée, il ne voulait qu'une nourriture commune et exigeait que dans ses fréquentes visites pastorales la table fût toujours servie avec la plus grande frugalité. Il était vêtu comme un pauvre curé de campagne. C'était un saint prélat des temps anciens et tout annonçait en lui un homme vraiment extraordinaire.

» Il était à la tête de toutes les bonnes œuvres et de toutes les missions qui convertirent tant de mauvais catholiques et tant d'hérétiques. Il mit le diocèse sur un pied si respectable et si ferme que son organisation s'est soutenue depuis, malgré la faiblesse du gouvernement qui a suivi. Son autorité s'établit si fort que ses ordonnances en sont un témoignage éternel. Ce n'est pas que ces lois soient trop rigoureuses, puisqu'il y a des ordonnances synodales plus rigoureuses encore dans d'autres diocèses; mais il venait les présenter à un clergé dont il fallait changer les mœurs, les usages, l'esprit, qui se ressentaient encore de l'ancienne barbarie des temps. Jaloux de tout savoir, et de savoir de plusieurs côtés pour ne pas être trompé, il faisait venir chez lui tous les prêtres, vicaires, curés. Il n'eût jamais laissé partir un seul d'entre eux après le synode sans avoir longuement conversé avec lui. Le clergé diocésain se comportait et obéissait, malgré sa dispersion dans les paroisses, avec la régularité d'un séminaire. Les Sulpiciens, chargés de l'éducation des jeunes élèves, étaient les premiers à se montrer obéissants. Le chapitre le craignit et lui fut soumis. La noblesse le respecta. Les évêques voisins le consultèrent et l'admirèrent. Il fut cher à la cour, où il eut du crédit, et un crédit tel qu'après avoir refusé plusieurs évêchés considérables pour accepter celui de Montpellier, il choisit lui-même son successeur. Il est vrai qu'on lui a reproché son zèle presque outré contre les jansénistes ; mais ce grief est singulièrement atténué par la difficulté du temps et par la nécessité où se trouvait ce prélat d'opérer la réforme de son diocèse.»

En somme, et suivant le jugement d'Ovide de Valgorge, F.-R. de Villeneufve «laisse dans le diocèse de Viviers, qu'il a administré en qualité d'évêque pendant de longues années, des souvenirs que la reconnaissance publique a sauvés de l'oubli ».

CHAPITRE II.

Sa nomination à l'évêché de Montpellier (1748). — La circonscription de son nouveau diocèse. — Ses relations avec le chapitre cathédral et les collégiales. — Situation difficile du clergé rural. — L'Évêque fait à ce propos de sages ordonnances. — Il se préoccupe de l'instruction de ses prêtres. — Les congrégations de Pénitents. — Conflits entre le Prélat et la Cour des comptes, aides et finances.

Vingt-quatre ans s'étaient écoulés depuis que François-Renaud avait été placé sur le siège épiscopal de Viviers. Son administration pleine de sagesse et son zèle pour les intérêts de l'Église avaient attiré sur lui l'attention et la bienveillance du Gouvernement. Plusieurs évêchés considérables lui avaient été offerts en échange du sien. Content au milieu de ses chers diocésains et de ses âpres montagnes, sans ambition et déjà parvenu à l'âge de 64 ans, il les avait tous refusés. Il se vit cependant dans la nécessité d'accepter une nouvelle position. Le roi l'avait désigné au Pape pour occuper le siège de Montpellier, laissé vacant par le décès de Berger de Charancy.

On lui donnait pour successeur Joseph-Rolin de Morel de Mons, son compatriote, son ami et son parent, qui remplissait auprès de lui les fonctions de vicaire général et qui l'accompagnait habituellement dans les missions. Comme il l'avait présenté lui-même à la nomination du roi, il voulut être son consécrateur. La cérémonie eut lieu à Paris le 6 octobre 1748, dans la chapelle du séminaire de Saint-Sulpice. C'était le second évêque auquel il donnait l'onction épiscopale, car, le 4 juillet 1734, dans sa cathédrale de Viviers, il avait imposé les mains à un de ses meilleurs amis, l'abbé d'Orléans de La Motte, comme lui membre de la congrégation de Sainte-Garde, nommé à l'évêché d'Amiens.

En acceptant un changement de résidence au déclin de l'âge, Mgr de Villeneufve faisait preuve d'une grande abnégation personnelle et d'une soumission aveugle aux volontés du chef suprême de l'Église, car il connaissait parfaitement et depuis longtemps le pays où on l'envoyait. Au lieu d'un repos gagné par de longs et rudes labeurs, il se voyait dans l'impérieuse nécessité de se jeter dans de nouveaux travaux.

Arrivé à Montpellier dans le plus strict incognito, le 12 novembre 1748, il désigna tout d'abord les prêtres qui devaient l'aider dans l'administration de son diocèse. Ce premier acte d'autorité déplut singulièrement aux jansénistes ; c'était la confirmation de l'ancien état de choses : en effet, tous les sujets de son choix, à l'exception d'un seul (l'abbé de la Prunarède), étaient en place sous le précédent évêque.

A l'époque dont nous parlons, la circonscription ecclésiastique de Montpellier n'était considérable ni sous le rapport de son étendue, ni sous le rapport de sa population. Resserrée par la Méditerranée et par les diocèses de Nimes, d'Alais, de Lodève, de Béziers et d'Agde, elle ne comptait guère plus de 64,000 habitants, dont 56,000 catholiques et 8,000 protestants. Ses 98 communes étaient divisées en 108 paroisses et groupées en 9 archiprêtrés.

Les chanoines de la cathédrale Saint-Pierre étaient au nombre de 24, dont 4 *dignités* et 4 *personnats.* L'évêque possédait un de ces 24 canonicats, uni à sa dignité épiscopale, et auquel était attaché le revenu de deux prébendes. Villeneufve, dans son serment d'installation, s'était soumis à faire sa semaine, tout comme les autres membres du chapitre. La *chev'lle*, comme on l'appelait, était plutôt un privilège qu'une servitude, puisque son possesseur avait le droit de nommer aux bénéfices dont la collation appartenait au chapitre. A chaque tour, l'évêque avait trois semaines, le prévôt deux et les autres chanoines une seulement. L'évêque, à part sa prééminence hiérarchique, et bien que recevant double prébende et opinant le premier dans les assemblées capitulaires, n'était qu'une sorte de *Primus inter pares*, subissant dans les délibérations la loi de la majorité, avec le seul avantage de pouvoir faire tomber la balance quand les voix étaient également partagées. En fait de police du chœur, il n'avait d'autre droit que son vote personnel.

Les relations de Villeneufve avec son chapitre cathédral furent toujours respectueuses de part et d'autre, nous dirons même affectueuses, sans avoir jamais été troublées par la plus légère mésintelligence. L'Évêque, doué d'une très grande force de volonté et d'une énergie à toute épreuve en face des difficultés, savait réfléchir et consulter avant de rien entreprendre ; ce qui faisait dire au correspondant des *Nouvelles ecclésiastiques*, journal janséniste : « Ce vieux prélat est apparemment en *brassière* ». Les chanoines, flattés de cette déférence, conçurent pour sa personne de l'estime et de la sympathie, et acceptèrent spontanément son influence dans toutes leurs délibérations capitulaires.

Ces chanoines n'étaient pourtant pas toujours aimables et commodes, ainsi que le démontre le fait suivant.

Le prévôt de la cathédrale, première dignité après l'évêque, voulait être respecté et honoré dans sa stalle haute. Or il arrivait souvent que, l'office une fois commencé, des voisins, pour entrer ou sortir, passaient et repassaient sans gêne par le chemin qui leur était le plus facile, c'est-à-dire entre le siège et le prie-dieu du prévôt, au risque de lui meurtrir les orteils. La Croix de Candillargues n'était pas endurant : ce va-et-vient le fatigua et lui fit perdre patience ; mais les chanoines n'en continuèrent pas moins à suivre la même ligne. De là surgirent de graves débats : le chapitre prit des délibérations contre son prévôt, et celui-ci porta l'affaire devant le parlement de Toulouse. Les chanoines, un peu taquins, avaient trouvé un moyen bien simple de molester la Croix de Candillargues dans ses plus chères prérogatives. Comme il recevait de ceux qui entraient au chœur ou qui en sortaient un salut spécial, distinct du salut adressé d'une manière générale à toute l'assistance, une délibération supprima cette marque de déférence et de respect envers le prévôt. Cependant on sentit que ces procédés, peu dignes du service religieux, devaient finir, et comme, au fond, les parties étaient toutes animées du même esprit de conciliation et désiraient la paix, elles s'adressèrent à l'Évêque. Dans le palais épiscopal fut consentie une transaction dont Villeneufve dicta les articles. Les saluts du chœur furent rétablis, avec cette clause cependant que personne ne prendrait plus son chemin devant le prévôt et que toujours on suivrait le passage du milieu des stalles.

Montpellier possédait, en outre du chapitre cathédral, trois chapitres collégiaux, sans église depuis que les leurs avaient été détruites par les protestants. Après le rétablissement du culte catholique sous Louis XIII, les collégiés se réunirent d'abord à Notre-Dame des Tables, puis à Sainte-Anne et enfin à Saint-Pierre, une convention ayant été passée entre le chapitre cathédral d'une part et les trois chapitres collégiaux de l'autre; mais, ces derniers ayant cessé depuis longtemps de remplir leurs engagements, l'Évêque essaya de les rappeler au devoir. Ce fut peine perdue : les collégiés, d'un commun accord, firent choix, pour la célébration de leurs offices, de l'église Sainte-Anne, leur propriété, alors affectée au service d'une des paroisses de la ville. Le Prélat, pour un bien de paix, se vit dans la nécessité de transférer provisoirement la paroisse dans la chapelle des « Carmes du Palais ».

Au point de vue pécuniaire, les chanoines des collégiales étaient dans une position bien modeste, surtout vis-à-vis de ceux de la cathédrale et même des curés de la ville épiscopale, quoique leur revenu fût généralement supérieur au traitement des curés de campagne et des simples chapelains.

Le clergé rural souffrait de sa pauvreté, qui l'humiliait. Une fois il essaya de faire parvenir ses plaintes à l'assemblée générale du clergé, demandant que «la congrue» fût portée de 300 livres à 600; cette augmentation de salaire devant être prise, selon lui, sur les revenus des monastères et des chapitres. Il eut le tort de faire coïncider ses remontrances avec d'autres de même nature et d'agir en dehors de l'Évêque, dont les sympathies lui étaient cependant acquises; il le savait bien. Villeneufve, en effet, comme nous aurons occasion de le dire dans notre chapitre cinquième, avait fait de l'amour de la pauvreté une de ses vertus favorites et de la générosité envers les malheureux le charme de sa vie. Le gouvernement de Louis XV vit dans les écrits imprimés sans l'approbation de l'autorité diocésaine une sorte de coalition et les supprima par un arrêt du conseil d'État.

Le clergé paroissial, déjà si pauvre, était fort mal logé. Certaines localités ne possédaient point de presbytère ; d'autres en avaient, mais inhabitables, privés qu'ils étaient de contrevents, de volets et de vitres.

Les églises se ressentaient de ce fâcheux état. Plusieurs manquaient des objets de première nécessité pour l'honnête célébration du culte et ne conservaient pas les Saintes-Espèces eucharistiques faute d'huile pour l'entretien de la lampe. Il faut lire dans les registres des visites pastorales les détails relatifs au délabrement des presbytères et des églises ! Ce qui frappe, ce n'est pas tant la description de leur pauvreté que le zèle du pasteur à chercher à l'atténuer par ses sages ordonnances. Celles qui concernent les localités dont il était seigneur temporel sont remarquables par la prescription des améliorations dont les frais retombaient à sa charge.

Étant donnée la pauvreté des prêtres et des paroisses, il était facile de prévoir le peu de succès qu'obtiendrait dans le diocèse un expédient financier adopté dans tout le royaume, conseillé par les désastres de la guerre de Sept-Ans, et mis en œuvre en même temps que des mesures violentes, injustes et impopulaires, ayant pour but de faire affluer l'argent dans les caisses de l'État. Vers la fin de l'année 1759, Louis XV fit porter à la monnaie sa vaisselle et la partie de l'argenterie de ses chapelles dont l'usage n'était pas indispensable pour la célébration de l'office divin. Il demanda que cet exemple fût suivi par ses sujets, notamment par le clergé. Le diocèse de Montpellier, qui avait beaucoup souffert des guerres de religion et qui n'était pas encore remis de ses pertes, fit preuve de bonne volonté, sur les pressantes sollicitations de son chef, mais pas autant qu'on l'avait espéré dans l'entourage royal.

Autrefois Villeneufve, ainsi que nous l'avons déjà dit, avait fait imprimer un *Recueil* de règlements pour le diocèse de Viviers. A Montpellier, il se contenta de rendre une ordonnance portant que les anciens statuts publiés dans les Synodes de 1676, 1700 et 1725, et notamment les dispositions relatives aux eclésiastiques, seraient exécutés selon leur forme et teneur. Ces articles visaient en particulier les études des prêtres de paroisse et les conférences théologiques de tous les mois.

Les étrangers se présentant pour remplir un poste quelconque devaient tout d'abord subir un examen sur les matières alors généralement enseignées dans les séminaires. Le Prélat, quand il n'en était pas empêché, se faisait un devoir de s'assurer par lui-même de la valeur individuelle des sujets qui arrivaient du dehors. Un prêtre du diocèse de Vabres vint un jour demander son visa pour une signature obtenue en cour de Rome. Avant de le lui accorder, Villeneufve exigea qu'il se soumît à l'examen. L'épreuve eut lieu à l'évêché le 30 décembre 1754, en présence du chanoine secrétaire, et, comme elle ne fut pas à l'avantage du candidat, la provision du prieuré qu'il sollicitait fut refusée.

Depuis l'année 1694, les *conférences ecclésiastiques* n'avaient plus eu lieu dans le diocèse, malgré les prescriptions formelles des anciens statuts et règlements synodaux et malgré les ordonnances de Colbert lui-même. Cette interruption fut, à ne pas en douter, la suite des troubles et des dissensions apportés dans le pays par les nouveautés doctrinales du jansénisme. Sans se laisser décourager par les difficultés des temps, Villeneufve entreprit de faire revivre les conférences. En 1762, il ordonna qu'elles seraient tenues désormais, comme autrefois, une fois par mois pendant la belle saison. Ces prescriptions soulevèrent une opposition formidable : on ne voulait pas des conférences, ou du moins on les voulait dans d'autres conditions, proposées par le clergé paroissial lui-même et discutées en synode. L'évêque essaya de tous les moyens de douceur et de persuasion pour faire adopter le rétablissement des réunions ecclésiastiques mensuelles. Tout fut inutile, et celui que les jansénistes avaient souvent représenté comme un vieillard opiniâtre et autoritaire, ne reculant jamais devant une résolution prise, plia devant la résistance de son clergé.

Il voulait cependant des prêtres studieux et instruits, comme il les désirait édifiants et exemplaires. Il se montra sévère envers le curé d'une paroisse dont les mœurs déshonoraient le sacerdoce. N'ayant pu le ramener au devoir, ni par les avertissements paternels ni par les menaces d'une punition méritée, il essaya de le faire rentrer en lui-même par une retraite forcée dans une maison religieuse.

Le diocèse de Montpellier comptait un grand nombre de ces sortes d'établissements, tant d'hommes que de femmes. L'Évêque avait l'œil ouvert sur la manière dont les règles y étaient observées ; et cette vigilance n'était point inutile. Plusieurs monastères de femmes qui avaient prêté une oreille docile aux nouveautés doctrinales de l'époque, et refusé de se soumettre à un mandement de l'évêque Charancy relatif à la signature du formulaire, se trouvaient dans le trouble le plus complet et dans une division déplorable. Le sage Pontife ne négligea rien pour y ramener le calme et la charité, bases fondamentales de la vie spirituelle ; avec du temps, de la patience et de la fermeté, il en vint à bout, grâce au concours intelligent et dévoué de quelques saints prêtres.

Montpellier possédait la maison-mère de l'ordre régulier du Saint-Esprit. L'institut ne remplissant plus le but pour lequel il avait été créé, le gouvernement de Louis XV eut la pensée de le supprimer; mais avant il s'en ouvrit aux évêques du royaume pour avoir leur avis. C'était le moment où Mgr de Villeneufve allait être appelé au siège épiscopal de Montpellier. Par une lettre écrite de Viviers le 14 avril 1748 à l'intendant de la province de Languedoc, il conseillait d'affecter au soulagement des pauvres du pays les revenus de l'ordre religieux dont on méditait depuis longtemps la suppression. Telle ne fut pas la manière de voir du gouvernement. Celui-ci voulait, en faisant disparaître le Saint-Esprit, unir ses biens à l'ordre militaire de Saint-Lazare, et il en vint facilement à bout au moyen d'une bulle de Clément XIII ; mais ce qu'il aurait désiré, et ce qu'il ne put pas obtenir, ce fut la coopération du clergé de France et de Villeneufve en particulier. Les évêques laissèrent faire ce qu'ils furent impuissants à empêcher. Cette suppression traîna cependant en longueur et ne fut accomplie qu'après la mort de Mgr de Villeneufve.

Une affaire qui marcha plus rapidement fut la suppression de la seule abbaye de femmes qui se trouvait en dehors de Montpellier et son union au monastère de la Visitation Sainte-Marie de la même ville. Cette mesure était impérieusement commandée par le très petit nombre de religieuses, qui n'étaient plus que deux ; aussi des lettres patentes ne tardèrent-elles pas à seconder les vues du Prélat.

Parmi les associations religieuses d'hommes existant autrefois à Montpellier, les plus considérables et aussi peut-être les plus remuantes étaient celles des Pénitents, dont les évêques eurent souvent à s'occuper. Les compagnies de pénitents blancs et de pénitents bleus, officiellement supprimées de par la raison du plus fort en 1792, vécurent dans l'ombre pendant les jours néfastes et se réorganisèrent lors du rétablissement du culte. Elles sont aujourd'hui en pleine vitalité dans la ville épiscopale et dans beaucoup d'autres paroisses du diocèse. Elles n'attendent, pour se produire avec éclat, que la liberté rendue aux catholiques pour leurs grandes manifestations publiques.

Revêtus d'une longue robe blanche, avec ceinture blanche ou bleue suivant la couleur de la confrérie, et coiffés d'un immense capuchon rejeté en arrière quand ils ont le visage découvert, ils provoquent l'étonnement et parfois la raillerie des étrangers. Il en serait autrement si l'on se rendait compte de tout ce qu'il y a de sérieux, de digne et de moralisateur dans les statuts et les règles de ces sociétés. L'humble sac de pénitent cache de réels principes de vertu et d'honneur, de vrais sentiments de fraternité et d'égalité. Le riche et le pauvre disparaissent sous le sac, pour ne plus laisser voir que des frères. On ne connaît plus la fameuse *classe dirigeante* et la pauvre *classe dirigée*. Le suffrage universel est pratiqué de longue date, bien avant les prétendus novateurs du XVIIIe siècle. Ces pieuses associations de secours mutuels renferment tous les caractères d'une sage et chrétienne démocratie, tous les éléments d'une sorte de franc-maçonnerie religieuse basée sur l'idée chrétienne.

Cette institution, excellente en elle-même, ne donne pourtant pas toujours et brusquement la perfection à ses membres ; car ses membres sont des hommes ! Et le sac, aujourd'hui comme autrefois, laisse par moment percer l'humanité avec ses faiblesses.

Les Pénitents Blancs et les Pénitents Bleus avaient entre eux, de temps à autre, des différends à propos de préséances. Les Bleus se disaient «les plus anciens comme institution canonique» ; les Blancs prétendaient être «les plus anciens comme confrérie de pénitents» ; de sorte que c'était grande affaire de savoir qui aurait le pas dans les cérémonies publiques, qui rendrait les devoirs funèbres aux puissants personnages de la ville ou de la province décédés à Montpellier, et qui posséderait leurs restes mortels dans les tombes de sa chapelle. Villeneufve eut fréquemment à se prononcer dans des discussions de cette nature et dans beaucoup d'autres analogues, survenues, soit entre les deux confréries, soit entre les confréries d'une part et les paroisses ou communautés de l'autre. Il le fit toujours avec justice et fermeté, et sut en toutes circonstances maintenir la paix ou la rétablir lorsqu'elle avait été troublée.

Ceci nous amène à parler d'une grosse tempête soulevée contre notre Prélat par la Cour des Comptes, Aides et Finances, jalouse à l'excès de la conservation de ses droits et prérogatives. Les Pénitents n'étaient pas seuls à se montrer chatouilleux.

Les évêques de Montpellier, aux processions générales de la Fête-Dieu et du « Vœu du Roi » (15 août), se faisaient toujours accompagner ou suivre des officiers de leur *temporalité* et des serviteurs de leur maison. Les magistrats de la Cour supérieure finirent par se considérer comme amoindris dans leur dignité par ce petit cortège épiscopal, qu'ils n'avaient pourtant pas sous les yeux, puisqu'un détachement de la maréchaussée séparait l'Officiant de la Cour. Ils demandèrent en conséquence au Prélat de vouloir bien se contenter de deux domestiques. Villeneufve attachait peu d'importance à ce mécontentement, plus sérieux partout qu'il ne pensait. Qu'y avait-il en effet de si extraordinaire dans sa conduite? Il agissait non seulement comme ses prédécesseurs, mais encore comme tous ses collègues du clergé de France. Néanmoins, sur les instantes prières de l'illustre Compagnie et pour un bien de paix, il consentit à ce qu'on lui demandait. Aussi les magistrats lui en témoignèrent-ils leur gratitude dans une lettre qui se terminait par ces mots: «Monseigneur, il serait bien à souhaiter que dans toute espèce de différend on agît dans le monde comme nous agissons vous et nous ».

CHAPITRE III.

Les protestants. — Conflit entre les évêques et l'intendant. — Mgr de Villeneufve conciliateur. — Œuvre dite de la « Propagation de la Foi ». — Prudence de Mgr de Villeneufve. — Excellentes mesures prises par lui. — L'Évêque partisan des écoles professionnelles et de l'apprentissage.

En 1750, le diocèse Montpellier comptait environ 8,241 protestants, dont 5,000 appartenaient à la ville épiscopale. On leur donnait dans le langage administratif le nom de *nouveaux convertis* parce que, pour conserver leurs biens sans sortir du royaume, ils s'étaient soumis extérieurement aux dispositions césariennes de la révocation de l'Édit de Nantes. En somme, la plupart de ces prétendus nouveaux convertis, ou nouveaux catholiques, n'avaient point changé de religion et conservaient leurs sympathies les plus ardentes pour le calvinisme. Obligés cependant d'avoir pour les dispenses matrimoniales des rapports officiels avec un évêque tel que Villeneufve, on comprend que ces relations ne pouvaient pas être toujours faciles.

Ce prélat se trouvait encore à Viviers lorsque, au mois de juillet 1738, le grand-chancelier adressa à de Bernage, alors intendant de Languedoc, un projet de Déclaration concernant les mariages des nouveaux convertis, projet qui fut alors communiqué aux évêques. Villeneufve adressa au ministre des observations à ce sujet ; mais l'affaire était encore en suspens lorsque, deux ans après, d'Aguesseau écrivit de Versailles à l'intendant que, « les États de Languedoc ayant groupé autour de lui les Évêques de la province, il convenait de s'occuper avec eux des projets de Déclaration ». On le fit, mais sans pouvoir arriver à une entente pratique, et les choses demeurèrent enrayées; si bien que, le 29 juin 1748, Lenain, successeur de De Bernage, pouvait écrire au chancelier : « J'ai en main toutes les pièces relatives à cette affaire ».

En attendant, la porte restait ouverte aux difficultés.

La révocation de l'Édit de Nantes ayant interdit le culte public aux protestants, ceux-ci n'en continuèrent pas moins à se réunir en secret dans des masures abandonnées, ou en plein air, en des lieux solitaires. Des ministres improvisés remplaçaient au besoin les ministres absents, présidaient les assemblées, prêchaient, mariaient, baptisaient, malgré les Édits et les Déclarations.

Le 1er mai 1852, l'intendant de Saint-Priest prescrivit de reprendre les anciennes ordonnances, ne donnant, pour s'y soumettre, qu'un délai de trois jours. Il fallait que les enfants baptisés au désert fussent envoyés à l'église pour le supplément des cérémonies.

Le garde de la prévôté de l'intendance fut chargé de transmettre ces ordres dans les diverses localités du diocèse de Montpellier, « la maréchaussée devant au besoin lui prêter main-forte, secours et assistance ».

De son côté, l'Évêque adressa à tous ses curés une lettre circulaire (10 mai 1752) dans laquelle il rappelait la discipline établie depuis longtemps dans le diocèse, et assez exactement observée jusqu'alors, à l'égard des nouveaux convertis qui se présentaient pour se marier. Il promulguait de nouveau le règlement de Colbert, en date du 21 octobre 1699, et dont les dispositions avaient été renouvelées dans les synodes de 1700 et de 1725, tout en réduisant de six mois à quatre le temps pendant lequel les conjoints devaient demeurer séparés avant qu'on pût leur donner la bénédiction nuptiale.

Le garde s'acquitta fidèlement de sa mission, se rendant dans toutes les localités; voyant les consuls et les curés; se présentant au domicile des nouveaux convertis marqués sur ses listes et les engageant à se conformer aux ordres dont il était porteur. Les religionnaires se soumirent plus ou moins volontiers. Dans toutes les paroisses, les curés dressèrent un état des enfants auxquels ils avaient suppléé les cérémonies et un état des mariages réhabilités en face de l'Église catholique. Les pièces, certifiées par les consuls. furent adressées à l'intendant. Elles contenaient les noms de plus de 225 enfants baptisés, mais ne mentionnaient qu'un très petit nombre d'unions régularisées, les formalités voulues demandant du temps.

Vers la fin de la même année (1752), le maréchal de Richelieu, venu à Montpellier de la part du roi pour tenir les États de Languedoc interrompus pendant trois ans, rassembla dans son hôtel, en présence de l'intendant, tous les évêques de la province et lut deux lettres du chancelier et du ministre sur l'uniformité à établir dans la manière de marier les nouveaux catholiques et de baptiser leurs enfants. Ce qu'on demandait principalement pour ces derniers, c'était qu'ils ne fussent point qualifiés de *bâtards* sur les registres paroissiaux. La chose ne souffrit aucune difficulté, comme on pense bien. Il n'en fut pas de même pour les questions relatives aux mariages.

« Les nouveaux convertis, disaient les Évêques, sont catholiques ou non. S'ils ne le sont pas, nous n'avons pas à nous occuper d'eux. S'ils le sont, ils doivent se soumettre aux règles suivies par les enfants de l'Église catholique, apostolique et romaine. Les Évêques, seuls juges des causes matrimoniales au point de vue religieux, doivent agir suivant les circonstances. Ils trouvent singulier de voir un gouverneur de Province et un Maréchal de France discuter sur des matières de Religion avec les Évêques, et leur opposer des arguments théologiques. »

Il va sans dire que la conférence n'aboutit pas. Cependant, afin d'arriver à une entente nécessaire à la paix des familles, l'intendant de Saint-Priest fit demander aux évêques, par celui de Montpellier, de vouloir bien consentir à n'exiger désormais, pour la bénédiction nuptiale des nouveaux convertis, ni abjuration ni profession de foi par écrit ; de se contenter d'une simple déclaration verbale ; d'adoucir et d'abréger les épreuves imposées aux couples mariés au désert.

Villeneufve fut assez persuasif pour obtenir de ses collègues des promesses de conciliation ; l'évêque d'Uzès n'en persista pas moins à réclamer une profession de foi verbale et sans solennité, faite en présence de deux témoins. Ce demi-succès fut agréable au gouvernement, comme le marquent ces lignes adressées à l'intendant de Saint-Priest par le comte de Saint-Florentin :

« J'apprends avec plaisir, Monsieur, par la lettre que vous avés pris la peine de m'écrire le 18 de ce mois (d'octobre) que M. l'Évêque de Montpellier a déjà gagné quelque chose sur l'esprit de M. l'Évêque d'Uzès. Il faut espérer qu'il achèvera ce qu'il a si heureusement commencé. »

Le ministre d'État avait raison d'espérer : en effet, deux mois plus tard, Saint-Priest lui annonçait que Villeneufve avait enfin obtenu de l'évêque d'Uzès la promesse de conformer sa conduite à celle de ses collègues.

Il ne restait donc plus, des anciennes formalités, que l'obligation d'attester au prêtre de *vive voix et même sans témoin* qu'on professait et qu'on voulait professer la religion catholique.

Un habitant de Lunel, nommé Juge de Fresqualy, ancien officier et nouveau converti, entreprit cependant de s'affranchir de cette sujétion et s'adressa au comte de Saint-Florentin pour se plaindre des exigences de l'Évêque. Peu conséquent avec lui-même, il donnait par écrit l'assurance qu'il avait refusé de donner de vive voix. A la réception de ce placet, ou plutôt de cette dénonciation, le ministre d'État soupçonna qu'un motif particulier s'opposait à la célébration en face de l'Église du mariage projeté ; « car, écrivait-il à ce sujet à l'intendant de Saint-Priest, *j'ai toujours reconnu toute la prudence et toute la modération possible dans la conduite de M. l'Évêque de Montpellier à l'égard des Nouveaux Convertis* ».

Cette bonne opinion était confirmée peu de jours après par la réponse de l'intendant.

«Le 17 may 1765.

« Monsieur,

«J'ai conféré avec M. l'Evêque de Montpellier au sujet du placet de Juge de Fresqualy que vous m'avés fait l'honneur de m'envoyer le 4 de ce mois. Ce Prélat m'a dit qu'il n'avoit exigé de ce particulier qu'une simple déclaration verbale qu'il professoit et professeroit la Religion catholique, apostolique et romaine ; déclarations que les autres protestans de son diocèze mariés à l'Eglise ont faitte et qu'on ne peut se dispenser d'exiger d'eux ; en sorte que M. l'Evêque de Montpellier n'a pas cru devoir permettre au curé de lui administrer la bénédiction nuptiale ; *ce qu'exige le prelat étant on ne peut plus modéré*, je n'ai eü aucune observation à lui faire.»

Passant par-dessus toutes les formes administratives, acceptant comme faite à lui-même la déclaration adressée par écrit au ministre, et donnant une nouvelle preuve de son esprit de conciliation, l'Évêque prescrivit au curé de Lunel de ne pas différer davantage la bénédiction du mariage.

Les revenus provenant de la régie des biens confisqués aux protestants fugitifs et les contributions frappées contre ceux qui, restés en France, négligeaient de se conformer aux Édits, étaient versés dans ce qu'on appelait la *Caisse des Amendes*. Une partie des fonds servait à l'éducation des enfants de nouveaux convertis et à payer leur pension dans des monastères. Quelques-uns de ces enfants étaient élevés à Montpellier dans des maisons religieuses, mais le plus grand nombre étaient réunis dans l'établissement de la propagande, plus connu sous le nom de « *Propagation de la Foi* ».

L'œuvre, créée par Ordonnance de Charles de Pradel, le 10 janvier 1679 et autorisée par lettres patentes de Louis XIV du mois de septembre de la même année, est par conséquent de beaucoup plus ancienne que la date assignée par notre honorable Collègue à l'Académie des Sciences et Lettres, M. le Pasteur Corbière, dans son *Histoire de l'Église Réformée de Montpellier* (pag. 463), lequel ne la fait remonter qu'à 1747.

Son administration, sous la haute direction de l'Évêque, était organisée comme il suit. Un directeur pris parmi les vicaires généraux, un administrateur, un trésorier, un secrétaire et vingt conseillers, dont dix ecclésiastiques et dix laïques. On se réunissait deux fois par mois dans une salle du palais épiscopal, sous la présidence habituelle de l'Évêque.

La Propagation avait deux maisons, l'une pour les garçons, l'autre pour les jeunes filles ; la première située dans la *rue de l'École Mage* et la seconde dans la *rue de la Providence*.

Charles de Pradel étant mort, l'œuvre fondée par lui continua d'exister sous Colbert et Charancy; mais elle fut négligée au point que Villeneufve, afin de la remettre sur un bon pied, recourut à l'autorité royale, dont il reçut des lettres patentes confirmatives datées de décembre 1752.

Dans la seule maison des garçons, on soignait une soixantaine d'élèves, acceptés à titre gratuit pour les trois premiers mois ; passé ce temps, la pension était payée par les familles, ou par l'État lorsqu'il s'agissait d'enfants enfermés par ordre supérieur.

La maison recevait d'abord tous les ans 2,160 livres pour l'entretien de douze garçons, enfants de protestants. La moitié de cette somme était payée sur les fonds des *Amendes*, l'autre sur celui des Missions de la province. La caisse des Amendes se trouvait épuisée en 1755. Les administrateurs demandèrent alors à l'intendant et au ministre d'État d'assigner des fonds sur lesquels le secours pût être payé. Saint-Priest annonça qu'on devait renoncer définitivement aux ressources accoutumées (4 avril 1758). Il ajoutait dans sa lettre que la caisse des *Économats* étant en partie destinée à gratifier les enfants des nouveaux convertis élevés dans la Religion catholique, on pouvait se pourvoir devant le comte de Muy.

En attendant, fallait-il laisser l'œuvre en souffrance? Villeneufve ne le voulut point. Par son ordre, on eut recours à la charité publique et à de pieuses industries. On organisa dans la ville épiscopale et dans tout le diocèse des souscriptions ; on implora la générosité du clergé de France siégeant en assemblée générale. Ces moyens permirent à l'Œuvre de conserver ses élèves, impuissante qu'elle était de le faire, réduite à ses seules ressources, qui ne dépassaient guère 7,000 livres de revenus.

Pour être admis dans les maisons de la Propagation de la Foi, les enfants devaient être présentés par leurs parents. La mesure était sage, puisqu'il s'agissait de protestants, ou tout au moins de nouveaux convertis; on exigeait même une attestation écrite, par laquelle les père et mère déclaraient consentir à ce que leurs enfants fussent élevés dans la Religion catholique, apostolique et romaine *sous le bon plaisir de MM. les Administrateurs* et s'obliger à ne plus les redemander *en aucune manière quelconque* jusqu'à la fin de leurs études.

La seconde maison de la Propagation de la Foi, établie par lettres patentes du mois de septembre 1752, fut d'abord confiée aux religieuses de la Visitation Sainte-Marie et ensuite aux Ursulines du couvent Saint-Charles. On y comptait 60 jeunes filles, dont 40 élèves aux frais du Roi.

Afin d'étendre l'action de l'œuvre, Villeneufve ordonna que toutes les semaines il y aurait deux conférences publiques de controverse: le jeudi pour les femmes, le dimanche pour les hommes. Il voulait également que deux administrateurs, l'un prêtre, l'autre laïque, veillassent chacun sur un quartier de la ville épiscopale et sur un canton du diocèse, leur donnant pour mission de travailler à la conversion des hérétiques et à la confirmation dans la foi catholique des nouveaux convertis. Par leurs soins, on compta jusqu'à 72 enfants, appartenant à des familles protestantes, élevés en même temps chez les Frères de la Doctrine chrétienne ou dans les couvents, sans comprendre dans ce nombre ceux de la Propagande.

Les abjurations d'adultes furent aussi très fréquentes : il y en eut 300 en peu d'années. On évitait de donner à ces actes de l'éclat et de la solennité, et même d'en dresser procès-verbal. Une pièce de cette nature ayant été demandée par l'administration de la caisse des Économats, à propos d'une gratification sollicitée en faveur d'une jeune élève de Saint-Charles qu'il s'agissait d'établir, Villeneufve répondit qu'il n'était point dans l'habitude de faire dresser acte en pareille circonstance. Jarente de la Bruyère, évêque d'Orléans, ne pouvant avoir cette déclaration, réclama du moins une attestation signée par des personnes qui avaient connu cette jeune fille professant la religion protestante et qui certifieraient que depuis telle époque elle avait embrassé le catholicisme. Cette fois il fut satisfait et la néophyte reçut le secours demandé par son Évêque.

De toutes les abjurations, celle peut-être qui fit le plus de bruit, et que certains auteurs attribuèrent à la violence et non à la conviction, fut celle de Jean Molines, dit Fléchier, ministre protestant, détenu à la citadelle de Montpellier (1752). La cérémonie, présidée par l'Évêque en personne, eut lieu dans la citadelle même (le 30 avril). A la suite du récit de ce qui s'était passé à cette occasion, Molines publia une lettre écrite à un de ses amis pour lui faire part des motifs de sa conversion. De Privas, où il s'était retiré et qu'il habita jusqu'à sa mort, Molines écrivit un grand nombre de lettres à Villeneufve et à deux de ses successeurs, lettres conservées aux archives de l'Hérault et qui sont loin de prouver que son abjuration lui fut arrachée par la force et qu'elle *fit le tourment du reste de ses jours*, comme l'a écrit M. le Pasteur Corbière dans son *Histoire de l'Église réformée de Montpellier* (pag. 438).

Dans une autre circonstance, l'intendant de Saint-Priest avait adressé à l'évêque d'Orléans un état des enfants qu'il proposait à la bienveillance royale pour des secours à prendre sur la caisse des Économats. L'Évêque demanda des éclaircissements et pria l'intendant de lui donner son avis sur la question suivante :

« Au lieu de mettre les enfants des laboureurs et des artisans dans des maisons fermées, où par l'éducation qu'ils reçoivent ils prennent l'habitude de vivre dans l'oisiveté, ne serait-il pas plus convenable de les placer chez des laboureurs ou chez des artisans honnêtes et catholiques, chargés de veiller à leur instruction et de les accoutumer au travail, chacun dans la profession exercée par sa famille ?»

De Saint-Priest transmit la lettre à Villeneufve, l'invitant à lui marquer son sentiment à cet égard. Il en reçut une longue réponse dont voici le sens. Il convient de commencer par instruire ces enfants et les affermir pendant quelques années dans leur éducation catholique. Ensuite on pourra les confier à des laboureurs ou à des artisans qui les élèveront dans une profession convenable à leur état.

C'était, du reste, la règle suivie par l'Œuvre de la Propagation de la Foi. Lorsque la prudence le permettait, les administrateurs confiaient à des particuliers offrant des garanties sérieuses les enfants dont ils étaient chargés, payaient leur apprentissage, les aidaient même lorsqu'ils voulaient embrasser la vie religieuse ou contracter un mariage ; les registres de l'œuvre en font foi.

Souvent le généreux Évêque prenait à sa charge les frais de l'éducation des enfants de religionnaires envoyés dans des communautés religieuses ou dans une des maisons de la Propagande.

On a vivement reproché à Villeneufve d'avoir pesé sur l'autorité civile et empiété sur l'autorité paternelle au sujet de l'éducation catholique donnée à des enfants protestants dans des établissements religieux. Il est parfaitement vrai que, dans plusieurs cas, le Prélat crut de son devoir de s'intéresser au bien spirituel de certains de ces enfants. En agissant de la sorte, il ne se singularisait en aucune façon ; il ne faisait au contraire que se conformer à ce qui se pratiquait alors. Le reproche, pour être juste, doit être adressé non pas à ce seul Évêque, mais à tous ses collègues de l'Église de France, que nous n'avons pas à défendre.

Le fait le plus saillant est celui des enfants du hollandais Venthuisen, domicilié à Frontignan (1751-1754). D'après M. Duval-Jouve (*Hist. pop. de Montpellier*, pag. 347), Villeneufve les aurait *fait enlever* et aurait *menti* pour justifier sa conduite.

L'*enlèvement* avait été opéré par l'autorité de l'intendant de la province de Languedoc sur l'ordre du roi et non point par l'Évêque. Quant au mensonge reproché au Prélat, l'accusation n'est pas fondée : en effet, les pièces originales conservées au dossier de cette affaire [1] établissent un changement survenu dans les idées du nommé Argelliès, catholique, beau-père de Venthuisen, qui dès le début de l'affaire avait consenti à ce que les enfants fussent placés dans des maisons d'éducation catholiques et qui, *trois ans plus tard*, ne voyait plus aucun motif légitime qui pût empêcher Venthuisen de régler le sort de ses enfants.

[1] Ces pièces constituent un volumineux dossier qu'il sera facile de consulter aux Archives du département de l'Hérault (*Fonds de l'Intendance de Languedoc*. Série C. 404, — 1752-1754. — *Ordre du Roi pour l'arrestation ou la mise en liberté des Religionnaires*). — Lorsque nous avons publié notre ouvrage : *L'Évêque François-Renaud de Villeneufve*, dans les *Mémoires de l'Académie des Sciences et Lettres de Montpellier* (*Section des Lettres*, tom. VIII), nous considérions ces pièces comme perdues. Heureusement il n'en est rien.

CHAPITRE IV.

Les jansénistes. — Le clergé en lutte avec la magistrature et le parlement de Toulouse. — Fermeté de Mgr de Villeneufve. — Les PP. de l'Oratoire et le Séminaire diocésain.

Le long épiscopat de Colbert à Montpellier et la présence, dans cette ville, des oratoriens chargés de la direction du séminaire avaient facilité l'introduction et le développement du jansénisme dans le diocèse. Charancy lutta énergiquement pendant dix ans contre les nouvelles doctrines et publia un mandement pour la signature du formulaire prescrit par les constitutions d'Innocent X et d'Alexandre VII. Villeneufve combattit encore avec plus d'énergie, et ses efforts furent couronnés de succès, car, lorsqu'il descendit dans la tombe, les jansénistes étaient réduits à un fort petit nombre.

Chose digne de remarque, les divers partisans de Jansénius, à Montpellier du moins, appartenaient presque tous, de près ou de loin, à l'ordre judiciaire. Ceci n'a rien que de naturel : on sait que les parlements intervenaient à tout propos dans les questions religieuses, qui d'ordinaire aboutissaient à un refus de sacrements ou de sépulture ecclésiastique ; oubliant que le refus de sacrements ou de sépulture ecclésiastique en général, — détaché de toute circonstance, — est une matière spirituelle de laquelle les évêques ont le droit de connaître. Ces cours de justice, sous prétexte de défendre les libertés de l'Église gallicane, niaient la toute-puissance et la grandeur suprême du Pontificat romain, pierre angulaire du catholicisme. En connaissant des affaires spirituelles, elles minaient le principe d'autorité et poussaient les esprits à l'insoumission.

D'Alembert l'avait bien compris lorsqu'il écrivait à Voltaire (4 mai 1762) : *Les gouvernemens croient servir la religion, mais ils ne servent que la raison, sans s'en douter. Ce sont des exécuteurs de la haute justice pour la philosophie, dont ils prennent les ordres, sans le savoir.*

On blâmait Villeneufve de n'accorder les derniers sacrements aux fidèles que sur un acte de soumission formelle et explicite à la bulle *Unigenitus*, accompagné d'un billet de confession à un prêtre approuvé. Cette dernière formalité est encore en usage de nos jours et ne soulève aucune difficulté. On lui reprochait encore sa sévérité pour la sépulture ecclésiastique, qui pourtant n'était refusée que dans des cas très rares et pour des raisons tout à fait majeures. La rigueur employée pour les convois de ceux qui n'avaient pas voulu se soumettre à l'Église consistait à priver la cérémonie funèbre de toute solennité; mais le corps du défunt était toujours accompagné à sa dernière demeure par un prêtre précédé de la croix.

Les feuilles jansénistes, et en particulier les *Nouvelles ecclésiastiques*, firent beaucoup de bruit à ce propos. Mais le grand événement qui fit répandre de véritables flots d'encre et de fiel fut la fameuse affaire dont nous allons parler.

En 1755, époque où le jansénisme tendait à disparaître de Montpellier, les novateurs cherchèrent à donner un peu de vie à leur petite église. Ils imaginèrent pour cela de préparer un scandale marquant, pour la quinzaine de Pâques, et choisirent, comme propre à leur en fournir l'occasion, une femme attaquée d'une maladie de poitrine qui pouvait traîner longtemps et leur laisser le loisir de faire du bruit. Cette femme était Mme de Moustelon, née de Bonnier. Sur les conseils qui lui furent donnés, elle fit demander à l'abbé Granet, curé de Notre-Dame, paroisse sur laquelle elle avait son domicile, de lui porter la communion pascale (2 avril).

On savait au presbytère les sentiments et les dispositions de cette personne et ceux de son mari, conseiller à la cour des Aides, relativement à la bulle; on put facilement prévoir une prochaine tempête; on ne voulut point y exposer les vicaires, qui le même jour remirent leurs pouvoirs à l'Évêque. Quant au curé, il fit enlever ses meubles de la cure et se présenta chez Mme de Moustelon, persuadé que, sa démarche n'aboutissant pas, il ne tarderait pas à être frappé. La malade, suivant la prévision du curé, se retrancha derrière le silence imposé, disait-elle, par le Roi et ne voulut point faire sa soumission. Les jansénistes ne parlaient que de saisies, d'amendes et de décrets. L'Évêque, voulant assumer sur lui seul les mesures de rigueur, conseilla à l'abbé Granet de s'éloigner et de se réfugier dans le Comtat-Venaissin, sa patrie; puis, il rendit une Ordonnance pour assurer le service de la paroisse (5 avril).

Descente du juge-mage au presbytère, ordonnance du sénéchal enjoignant aux prêtres de la ville et de la banlieue d'administrer les sacrements à la malade. Les huissiers se cachent, trouvant la commission odieuse. Les prêtres refusent. On les menace de la saisie de leur temporel. On se souvient enfin qu'il existe dans la ville un Évêque chargé de dispenser les choses saintes. On s'adresse à lui; Villeneufve se rend chez la malade; à sa sortie, une foule énorme, évaluée à 4,000 personnes, remplit les rues voisines de la maison. Le Prélat s'esquive par des chemins déserts, après avoir cherché à calmer l'effervescence populaire. Surviennent bientôt Arrêts sur Arrêts de la grand'chambre du parlement de Toulouse; mais on ne trouve pas un seul prêtre qui veuille consentir à porter les sacrements à la malade.

On met enfin la main sur un prêtre longtemps interdit pour cause de folie et que le Prélat avait fait admettre à l'hôpital-général comme pensionnaire. On lui fait dire la messe dans la chapelle du Présidial et consacrer une petite hostie. Pendant qu'il est à l'autel, M. de Moustelon et le juge-mage, accompagnés de plusieurs huissiers, se rendent à Notre-Dame. Le peuple s'y précipite à leur suite, croyant qu'on va faire un mauvais parti à l'abbé Poujol, et se dispose à le défendre; mais ce n'est point à l'abbé Poujol qu'on en veut: on se contente d'enlever le dais, les flambeaux et autres objets du culte nécessaires pour la cérémonie sacrilège qu'on prépare. Peu après, on voit sortir de la maison de justice un prêtre tenant dans ses mains, faute de ciboire, une bourse dans laquelle repose l'hostie qu'il vient de consacrer. Il marche sous le dais, dont les bâtons sont portés par trois huissiers et le concierge de la prison. Le juge-mage et trois autres magistrats ont des flambeaux à la main. Le corps des huissiers, les cavaliers de la maréchaussée et un détachement de soldats appartenant au régiment de Navarre forment un nombreux cortège. Les troupes de la garnison sous les armes bordent les rues par lesquelles le Saint-Sacrement doit passer. Toutes les avenues sont militairement gardées, tant on a peur d'un soulèvement de la population. Le malheureux prêtre arrive enfin chez la dame de Moustelon, ne fait aucune des cérémonies marquées par le rituel, ne récite même pas la plus petite prière, donne la communion à la malade, et se retire.

Est-ce tout? — Non. — Le parlement de Toulouse n'est pas encore satisfait; il condamne au feu un écrit ayant pour titre :

Relation exacte des troubles arrivés à Montpellier à l'occasion de quelques refus de sacremens; il ordonne le bannissement perpétuel du curé de Notre-Dame et du curé de Sainte-Anne, et déclare y avoir abus dans une Ordonnance de l'Évêque de Montpellier et dans la réponse qu'il fit à la signification d'un Arrêt de la cour.

Ces condamnations n'empêchèrent pas Villeneufve de continuer à se montrer ferme, et deux fois encore les sacrements furent refusés dans la ville de Montpellier. Mais ce fut la fin, et presque tous les opposants firent leur soumission. Restaient les oratoriens.

Les PP. de l'Oratoire avaient été appelés à la direction du séminaire de Montpellier par François de Bosquet, ardent contradicteur du jansénisme. Il les eût repoussés s'il avait pu soupçonner que de leur institut sortirait le fameux P. Quesnel. Ils furent toujours protégés par Charles de Pradel, neveu et successeur de Bosquet, et jouirent de toute l'estime et de toute la confiance de Colbert. Celui-ci, par ses dispositions testamentaires, avait assuré aux oratoriens la direction de la maison après lui. Ils la conservèrent en effet sous Charancy. Ce dernier évita de son mieux les luttes et les difficultés, tout en s'appliquant à réagir rigoureusement contre les principes et les institutions jansénistes. Dans ce double but, il avait envoyé ses jeunes clercs faire leurs études ecclésiastiques dans des séminaires voisins, en sorte que, en 1748, Villeneufve ne trouva dans son établissement diocésain que quatre élèves dont la pension était payée par la fondation de Colbert et deux ou trois étrangers. Notre Prélat imita d'abord la conduite de son prédécesseur, puis chercha le moyen de se débarrasser des oratoriens, dont la présence était désastreuse. Les directeurs évincés réclamaient comme leur étant due la somme de 52,001 livres, tout ce qu'ils auraient eu le droit de demander s'ils avaient fidèlement rempli leurs obligations. Ils comprirent qu'ils devaient rabattre de leurs prétentions et se contentèrent de 33,000 livres payées comptant (12 août 1762).

L'Évêque, voulant fournir à son séminaire un local convenable, prit à « *locatairie perpétuelle* », comme on disait alors, trois maisons avec un jardin attenant dans la *rue des Carmes*, près l'église cathédrale; le tout englobé présentement dans le monastère de Sainte-Ursule. Le bail fut consenti par les dames de Bon et Le Court, héritières d'une demoiselle Pujol, sous les conditions

mencé, siéger au premier rang des invités, alors qu'ils avaient refusé de faire savoir à l'administration s'ils daigneraient assister à la fête.

En enlevant la direction de son séminaire aux PP. de l'Oratoire pour la donner à des prêtres séculiers, l'hôpital avait gagné une pension de 1,200 livres léguée par Colbert en faveur de quatre ecclésiastiques ; mais, en déchargeant l'hôpital de cette pension, Villeneufve n'avait pas perdu de vue l'intérêt de son séminaire et les besoins des élèves pauvres de son diocèse. Il avait cherché dans son cœur les moyens de faire jouir l'hôpital de ses libéralités et les pauvres ecclésiastiques de la pension de 1,200 livres éteinte et supprimée par le changement intervenu dans la direction du séminaire. Pour remplir à la fois ces deux objets, il offrit de donner sur ces revenus, annuellement et sa vie durant, 16,000 livres, savoir : 14,800 à l'hôpital-général et 1,200 livres à son séminaire pour remplacer la somme éteinte. Pénétré d'un juste sentiment de reconnaissance, le Bureau délibéra que tous les jours désormais, à la fin de la messe de communauté, les pauvres de la maison réciteraient un *Pater* et un *Ave* pour la conservation de l'Évêque, et que le jour de sa naissance (2 avril) il serait dit une messe aux mêmes intentions, à laquelle les administrateurs et les pauvres assisteraient et à la fin de laquelle on réciterait le psaume *Beatus vir qui intelligit super egenum et pauperem*, avec le verset, et l'oraison *Deus*, *omnium fidelium pastor et rector*.

Villeneufve prit aussi beaucoup de part à l'*Œuvre du Prêt gratuit et charitable* de Montpellier, fondée par Ch. de Pradel, un de ses prédécesseurs, « établissement unique en ce genre » qui fonctionne encore aujourd'hui après plus de deux siècles d'existence. Il lui donna la somme de 800 livres (26 janvier 1762), et plaça le bureau de l'œuvre, les gages et tout le reste du matériel dans son palais épiscopal (28 mai 1763). Par une Ordonnance du 15 juillet de la même année, il dressa des règlements conformes aux Statuts de 1684. Enfin, le 1er août suivant, il désigna les nouveaux administrateurs, mettant à la tête de l'œuvre Pommier de Saint-Bonnet, abbé de Saint-Polycarpe, son grand-vicaire.

Malgré son habitude de donner à son zèle les limites de son diocèse, il crut devoir s'intéresser à une bonne œuvre pour laquelle son concours avait été sollicité. Une tendre et sainte affection unissait le Prélat à un de ses collègues de la congrégation de Notre-Dame de Sainte-Garde, l'abbé Abbel-Antoine de Thierry, fondateur de la maison de la Providence à Villeneuve-les-Avignon, pour le soin des malades et l'éducation des jeunes filles. Ce prêtre, tout dévoué aux œuvres de charité, donnait à ses religieuses l'exemple de l'obéissance et de l'amour du travail. Il accompagnait ordinairement MM. Bertet et de Salvador dans leurs courses apostoliques pour les missions rurales, et, malgré ses fréquentes maladies, fut d'un grand secours à l'Évêque de Viviers et de Montpellier. Le saint fondateur voulait, de son vivant, se dépouiller d'une partie de ses biens en faveur de son œuvre. Il adressa dans ce but une demande officielle d'autorisation, et, comme les formalités traînaient en longueur, il pria le Prélat de vouloir bien intervenir auprès de l'intendant. Villeneufve se rendit avec empressement aux désirs de son ami et rappela ses projets à de Saint-Priest. L'abbé de Thierry, malade et pensant que la mort ne lui laisserait pas le temps de mettre la dernière main à sa fondation, voulut en assurer l'état précaire. Par son testament du 28 février 1761, il institua l'Évêque son héritier universel et général, et mourut à Villeneuve le 29 juillet suivant.

Nous l'avons dit dans la première partie de cette étude : Villeneufve, admis en 1720 dans la congrégation de Sainte-Garde, était resté fidèle à sa vocation d'apôtre, et les vingt-quatre ans de son épiscopat à Viviers furent consacrés à évangéliser le pays des Helviens avec le fructueux concours de PP. Gardistes et de quelques prêtres séculiers, ses amis dévoués. Nous ajouterons un détail édifiant : le Prélat supportait souvent à lui seul les dépenses nécessitées par les voyages et l'entretien de la pieuse troupe, les secours alloués par l'État étant de beaucoup insuffisants. Chez nous, il n'en fut pas autrement ; il était presque toujours en mission, et l'on se souvient encore à Montpellier du zèle avec lequel il consacra ses forces et ses ressources à évangéliser lui-même, avec quelques coopérateurs, toutes les parties de son diocèse ; sa vie tout entière peut se résumer en ces quelques mots gravés au bas de son portrait : *Evangelisare pauperibus misit me.*

Le roi entretenait dans le Languedoc de nombreux missionnaires chargés de travailler à la conversion des protestants et à l'affermissement des nouveaux convertis dans la foi catholique. Une somme annuelle payée par le trésorier de la bourse de la province était destinée à défrayer les prédicateurs. Quatre d'entre eux étaient affectés au diocèse de Montpellier, savoir : deux à la citadelle et deux aux missions. Les honoraires étaient payés sur les quittances motivées de l'évêque.

A partir de 1723, Colbert cessa de fournir ses notes et les fonds ne reçurent aucun emploi. Peu après son élévation au siège épiscopal, laissé vacant par la mort de ce prélat, Charancy, son successeur, présenta au roi une requête dans laquelle il demandait, entre autres choses, l'autorisation de consacrer une somme de 1,080 livres, « revenant-bon » annuel, à l'augmentation du traitement de ses quatre missionnaires diocésains.

Peu après, quelques évêques de Languedoc se plaignirent à la cour de « l'emploi peu utile des fonds destinés aux missions ». Ces plaintes déterminèrent le comte de Saint-Florentin à écrire à l'intendant :

« Il paroit à S. M. que l'Evêque de Montpellier, dans le temps qu'il étoit à Viviers, a tracé la véritable route à suivre lorsque il a employé, sans honoraires, des ecclésiastiques qu'il s'est contenté de nourrir et de défrayer dans leurs voyages et que les succès qu'il a eus justifient cette conduite : qu'il se trouvera sans doute des sujets qui auront assez de piété et de désintéressement pour accepter de pareilles conditions, et que ceux qui ne seront pas assez zélez pour cela ne feroient pas vraisemblablement de grands fruits ; que si les ecclésiastiques séculiers consentent à être simplement défrayés, on doit à plus forte raison en attendre autant des réguliers qui pendant le cours de l'année doivent être nourris et entretenus par leurs maisons et dont quelques-uns sont d'ailleurs obligés de faire des missions ; qu'à cette occasion S. M. n'a pas trop compris pourquoy le P. Senaut jouit, en qualité de missionnaire de la citadelle de Montpellier, d'une pension de 400 livres sur le fonds attribué à ce diocèse ; que s'il a pu arriver autrefois qu'il y eût une espèce de mission à faire dans cette citadelle, il ne paroit pas que l'on doive aujourd'huy y affecter un missionnaire, plustot qu'a toutes les autres de la Province, et particulièrement à celles qui sont destinées singulièrement à renfermer les protestants et protestantes réfractaires ; qu'enfin S. M. trouve de l'inconvénient aux places de missionnaires qui sont attribuées à des communautés.

» S. M. désire que M. Lenain confère secrètement sur le tout avec l'Évêque de Montpellier, dont elle connoit le zèle et les lumières, et qui lui paroit avoir travaillé encore plus utilement que Mrs ses Confrères. »

Saint-Florentin termine sa lettre en demandant au nom du roi qu'un nouveau projet de répartition « du fonds des missions » lui soit adressé. La mort de Lenain, survenue peu après, retarda la solution de cette affaire, qui fut reprise peu après l'arrivée de son successeur, le vicomte de Saint-Priest. Saint-Florentin écrivit à ce dernier, le 11 mai 1752 :

« Doit-on compter que les Évêques veuillent imiter l'Évêque de Montpellier en se mettant eux-mêmes à la tête des missions qui se font dans leur diocèse ? et l'on peut dire que c'est de là que dépend l'émulation des missionnaires.

»...L'intention du Roy étant marquée pour que l'on suive la route tracée par M. l'Évêque de Montpellier sur la manière de faire les missions et de retrancher toutes les places fixes de missionnaires royaux, on pourrait prendre le parti d'engager Mrs les Évêques, s'ils ne peuvent pas assister eux-mêmes aux missions, de nommer un de leurs grands-vicaires pour les remplacer et de convenir au surplus du nombre d'ecclésiastiques séculiers et réguliers qui doivent les accompagner, à la charge de les défrayer de leurs voyages et de leur nourriture. Il ne reste plus qu'à proposer la distribution qu'on pourroit faire des fonds et à en établir le montant. »

Le Ministre reconnaissait ensuite l'insuffisance de la somme de 1,440 livres, portée à l'ancien état de répartition pour parer aux frais des missions données dans le diocèse de Montpellier. Le nombre des religionnaires y étant considérable et le zèle de l'Évêque permettant d'attendre beaucoup, on proposait de comprendre le diocèse, dans le nouvel état, pour la somme de 2,000 livres.

Dans les notes marginales écrites par l'intendant sur le Mémoire auquel nous empruntons ces détails, on lit ces mots :

« L'Évêque de Montpellier ajoute de sa poche à ce qui manque pour la nourriture et les voyages de ceux qu'il employe. »

Le projet du ministre fut aussitôt communiqué à Villeneufve. Sa réponse donnée de vive voix à l'intendant fut consignée par ce dernier dans les termes suivants :

« Ce Prélat estime : 1° Qu'il peut estre fait une nouvelle répartition du fonds de 17,640 livres ; 2° Que touttes les destinations et emplois faits de cette somme à d'autres objets que des missions sont abusifs et qu'il faut à l'avenir qu'on ne puisse pas les divertir à d'autres usages; 3° Mais il ne pense pas qu'on doive changer la forme des missions, moins encore esperer qu'on trouvera des ecclesiastiques qui se contentent de leur simple nourriture. Il pretend que ce qu'il a pratiqué ne sauroit l'estre egalement par tous les Eveques, vu la disette des sujets et la necessité de donner de quoy vivre le reste de l'année à ceux qui se deplacent pour faire des missions. Il ajoute que la ressource des moines est peu considerable, il a eté obligé pour avoir 4 capucins d'une certaine capacité de les tirer des 4 coins de la province. Par toutes ces raisons, M. de Montpellier pense que le fonds qui sera destiné à chaque diocèse doit être remis à l'Eveque pour en disposer, soit pour la nourriture et les voyages des missionnaires, soit pour des pensions à ceux qu'on ne pourroit se procurer autrement. Bien entendu neanmoins que le fonds entier n'aura d'autre employ que celuy relatif aux missions.»

Le vicomte de Saint-Priest terminait en exprimant l'avis que les sommes devaient être payées par l'intendant lui-même, sur un état des dépenses visé par l'évêque.

Dès l'année suivante (1753), les propositions de Villeneufve, modifiées par les observations de l'intendant, furent appliquées aux missions diocésaines.

Dans l'ancien diocèse de Montpellier, l'instruction chrétienne de l'enfance avait été l'objet d'une attention toute particulière de la part des évêques. Un grand nombre de personnes, séduites par les innovations de la Réforme, étaient bientôt revenues se jeter dans le giron de l'Église catholique. Il importait de donner à ces nouveaux convertis un enseignement sérieux, de nature à les éclairer dans la foi et à les fortifier dans les pratiques religieuses. Les anciens catholiques eux-mêmes, dans ces temps difficiles, réclamaient le même secours.

Telle fut l'origine des Catéchismes publiés par Charles de Pradel, Colbert de Croissy et Berger de Charancy. Ces deux derniers ouvrages constituent, à proprement parler, un recueil de trois formulaires d'inégale longueur : le plus considérable destiné à être lu en chaire, par les prêtres de paroisse, à la messe du prône ; le moyen, à l'usage des adolescents déjà confirmés; et enfin, le petit, réservé aux jeunes enfants depuis le bas âge jusqu'à la première communion.

Lorsque Villeneufve arriva dans le diocèse de Montpellier, on lui fit observer que le petit catéchisme était trop abrégé pour ceux qui ne sauraient jamais être en état d'en apprendre un autre, attendu qu'on y avait omis bien des choses importantes, à savoir : touchant les mystères, les sacrements, les règles de la croyance et des mœurs. Par contre, on trouvait trop long et trop étendu pour le plus grand nombre, et surtout pour ceux de la campagne, le *Catéchisme des confirmés*. De là résultait, disait-on, un pénible embarras pour les catéchistes sur le choix des matières qu'ils devaient ajouter ou retrancher.

Ces représentations agirent d'autant plus efficacement sur l'esprit de notre Prélat, qu'elles avaient été favorablement accueillies par Berger de Charancy. Elles avaient même engagé ce dernier à rédiger un nouveau questionnaire succinct, mais plus étendu cependant que celui dont on s'était servi jusqu'alors, et il était sur le point de le faire imprimer lorsque la mort vint le surprendre. L'amélioration projetée ne fut pas abandonnée pour cela ; Villeneufve entra volontiers dans les intentions de son prédécesseur, et avec d'autant plus d'empressement que sa première visite pastorale dans le diocèse l'avait convaincu de cette nécessité.

Dès le 12 mai 1750, il annonça par un mandement la publication d'un nouveau formulaire. On prit pour bases de cette rédaction le *Petit Catéchisme* « pour les enfants non confirmés » et on lui fit subir deux transformations en sens inverse : on l'abrégea pour les « enfants du premier âge » et on le développa « pour ceux qui étaient parvenus à l'âge de raison ».

L'enseignement de la doctrine catholique par la prédication et par le catéchisme ne suffisait point au zélé pasteur; dans le diocèse de Montpellier, comme dans celui de Viviers, il y joignit un soin tout particulier des écoles. Il s'appliquait à les pourvoir de maîtres recommandables par leur savoir et leurs sentiments religieux, et profitait des bonnes dispositions des municipalités pour créer de nouveaux établissements même dans les localités de minime importance.

A Montpellier, il existait deux écoles royales de garçons ; à la tête de l'une d'elles étaient placés trois régents ecclésiastiques. Le premier recevait 250 livres de traitement annuel et les deux autres 150 chacun. Comme avec un si modique salaire ils ne pouvaient pas vivre convenablement, l'évêque fournissait 350 livres, ce qui portait l'honoraire de chaque professeur à 300 livres, somme égale à la congrue des curés de campagne. L'autre école était dirigée par trois régents laïques, dont l'un recevait 250 livres et les deux autres 150. Pour le loyer de ces deux établissements, la ville fournissait une indemnité de 450 livres.

Il n'y avait qu'une seule école de filles, confiée à quatre religieuses régentes ; la ville leur donnait 820 livres, y compris le salaire d'une servante qui était de 100 livres, et 300 livres pour le loyer de la maison.

Les écoles du diocèse les plus favorisées, après celles de Montpellier, étaient celles de Ganges, dont l'évêque Colbert avait donné la direction à des ecclésiastiques et à des «Sœurs grises», et celles de Lunel, qui comptaient 3 régents et 2 régentes. Parmi les autres localités, 41 avaient 1 école pour les garçons et 1 pour les filles ; 32 une école pour les garçons et point pour les filles ; 2 une école pour les filles et point pour les garçons ; 12 autres, groupées de deux en deux, une école pour les garçons seulement ; 24 petits villages ou hameaux en étaient complètement dépourvus.

L'Évêque, en tournée de visite pastorale, désignait les lieux où la présence de régents et de régentes était nécessaire et possible. L'intendant imposait ensuite aux communautés le traitement à faire aux maîtres et maîtresses : 150 livres pour les premiers ou seulement 120, et 100 livres pour les autres; le tout franc de charges; avec logement.

CHAPITRE VI.

Rapports de Mgr de Villeneufve avec l'Université de Montpellier, Facultés de Médecine, de Droit, des Arts, de Théologie.— Mgr de Villeneufve aux Assemblées générales du Clergé de France, aux États généraux de Languedoc, à l'Assemblée provinciale ecclésiastique, à la Chambre diocésaine.— Temporel de l'évêche de Montpellier. - Mort de Mgr de Villeneufve ; ses obsèques. - Sa sépulture.

Sous l'ancien régime, l'évêque de Montpellier portait les titres suivants : chancelier de l'Université, chef, juge et conservateur de ses privilèges royaux et apostoliques ; titres dont Villeneufve se montra toujours fort honoré.

Notre Université se composait de quatre Facultés : Médecine, Droit, Arts, Théologie.

L'Évêque annonçait par des affiches imprimées (appelées *Notum* à cause du mot par lequel elles commençaient), les vacances survenues dans les rangs des professeurs et la mise au concours des chaires devenues libres à la Faculté de Médecine.

Le 8 janvier 1753, le doyen Magnol empiéta sur les prérogatives du Prélat et publia lui-même un *Notum* par lequel il fixait la date d'un concours. Sur la réclamation faite en haut lieu par l'Évêque, le *Notum* de Magnol fut cassé et remplacé par de nouvelles affiches. Dans la suite, ce droit ne fut plus méconnu, et le Prélat annonça lui-même, le 1er juin 1756, la vacance d'une chaire et le jour de la dispute.

Le candidat sorti victorieux de la lutte, et nommé par le Roi, devait, avant de prendre possession, se soumettre aux formalités alors en usage. Il adressait une requête au Pontife, à l'effet d'être installé en la charge de professeur. Le Prélat-Chancelier rendait une ordonnance prescrivant au « suppliant » de fournir des témoins pour établir qu'il était de bonne vie et mœurs et qu'il pratiquait la Religion catholique, apostolique et romaine.

Malgré les prétentions du juge-mage (en 1749), Villeneufve continua, comme ses prédécesseurs, à recevoir le serment des profes-

seurs en médecine et de les installer, comme pour Sérane en 1749, et pour Jean-Fr. Chicoyneau en 1758.

L'Évêque était chargé de veiller à l'observation des statuts et règlements et même de les réformer au besoin, en prenant l'avis des professeurs. Des contestations s'étant élevées entre ceux-ci et les docteurs en médecine, on se mit en mesure de dresser de nouveaux règlements, mais en oubliant pour cette réforme celui qui devait convoquer les assemblées et les présider. Ce dernier se plaignit au Gouvernement d'avoir été laissé de côté. Des ordres venus bientôt de la Cour prescrivirent de se conformer aux anciens usages. En conséquence, le Prélat convoqua dans son palais épiscopal, pour le vendredi 1er septembre 1762, une grande assemblée qu'il présida et dans laquelle, d'un commun accord et vu l'importance de l'affaire, on renvoya toute délibération au mardi suivant. Dans cette seconde réunion, il fut décidé que l'Évêque et les professeurs enverraient au Conseil du Roi les statuts et règlements anciens, avec le texte des modifications qu'on se proposait de leur faire subir. Villeneufve disparut de ce monde, le différend n'étant pas encore jugé.

A la Faculté de Droit, notre Évêque n'avait pas eu de peine à prendre au milieu des professeurs la place due à son mérite. Sans contestation aucune, il publiait les *Notum* et les épreuves, dont les matières étaient tirées au sort par les candidats, dans le palais épiscopal. Les luttes continuaient au collège de la Chapelle-Neuve, sous la présidence du vice-chancelier, avec calme et longueur de temps. Une fois cependant, elles furent marquées par un de ces petits événements auxquels donnait une si grande importance au XVIIIe siècle la manie de l'étiquette. Le dernier jour des triduanes, un agrégé prit la parole pour argumenter sans avoir salué un des examinateurs. Celui-ci, blessé du procédé, s'opposa à l'argumentation. Afin que la contestation ne nuisît pas à la marche des examens, l'Évêque fut prié de présider lui-même les séances.

Avant la suppression de la compagnie de Jésus, la présentation des professeurs pour les chaires de philosophie à la Faculté des Arts appartenait au Père Recteur du Collège. Les nouveaux titulaires recevaient ensuite l'institution de l'Évêque. Nous avons compté sur les registres de la Faculté des Arts jusqu'à dix professeurs de philosophie nommés dans l'espace de dix-huit ans par Villeneufve. Lors de l'expulsion de ces religieux, la Société royale des Sciences et Lettres de Montpellier demanda au Roi et obtint, malgré les réclamations de l'Évêque, la chaire de mathématiques et d'hydrographie laissée vacante par le départ du P. Rouvelet.

A cette même époque (1762), les jésuites quittèrent les deux chaires universitaires de Théologie, autrefois occupées par les dominicains. L'Évêque voulait nommer lui-même les nouveaux professeurs. Le Maire et les Consuls entreprirent de l'en empêcher, sans cependant lui contester ce droit, confirmé par lettres patentes de 1610, de présider les assemblées où il serait question de choisir les maîtres.

Villeneufve n'était pas homme à se contenter de la part qu'on prétendait lui faire. Il demandait à être maintenu dans l'usage de nommer à toutes les places de professeurs et régents pour l'enseignement de la Théologie, des Arts et des Lettres humaines, dans le Collège dont on venait de priver les jésuites. Les parties adverses rédigèrent de longs mémoires, qu'elles accompagnèrent de nombreux documents. Parmi les pièces dont se composait le dossier du Prélat, figuraient deux lettres de nominations de professeurs, données, la première en 1746, par Charancy, la seconde en 1750, par lui-même. La municipalité, soutenue par le Parlement, désigna pour occuper les deux chaires de Théologie deux dominicains, le P. Pierre Caudron et le P. Hyacinthe Bel. Mais ces religieux ne purent pas obtenir l'autorisation épiscopale dont ils avaient besoin pour enseigner dans le diocèse ; ils se virent même frappés d'interdit. Comme ils n'avaient pas encore le titre de docteur, ils se hâtèrent de se mettre en règle. Installés enfin, malgré l'Évêque, le 13 novembre 1763, ils purent pérorer devant deux ou trois auditeurs, les autres élèves en Théologie se rendant de préférence aux cours faits au Séminaire.

Les dominicains finirent par avoir le dessous dans cette affaire et se virent forcés de quitter le Collège pour céder la place à des prêtres séculiers. La Faculté de Théologie continua de fonctionner dans l'ancien établissement des jésuites jusqu'à la Révolution de 1789, ou plutôt de *vivoter*.

Villeneufve fut député cinq fois à l'Assemblée générale du Clergé de France (1723, 1735, 1742, 1748 et 1755).

Le 1er septembre 1735, il proposa à ses collègues de presser la canonisation du B. J.-Fr. Régis et fut chargé de rédiger lui-même la lettre que les évêques écrivirent à ce sujet au pape Clément XII.

Dans l'assemblée tenue extraordinairement en 1742, il fut porté aux honneurs de la présidence et nommé commissaire pour les *jetons* et *devises*.

En 1748 et en 1755, il se vit encore élu président. Dans cette dernière session, il fut désigné pour la commission de la Juridiction, ce qui lui donna la facilité de signaler à l'attention de ses collègues les empiètements des tribunaux laïques contre les droits des évêques. A la suite de ses observations, il fut décidé, dans la séance du 5 octobre, qu'on adresserait des remontrances respectueuses au Roi sur la situation déplorable faite à l'Église de France par la magistrature.

Villeneufve regardait comme un devoir d'assister en personne aux États de la Province et de ne s'y faire remplacer par un grand-vicaire que dans les cas d'impossibilité absolue. Il fut longtemps, soit comme évêque de Viviers, soit comme évêque de Montpellier, chargé de la direction des travaux publics dans le Languedoc. Il s'occupa d'une manière très active du dessèchement des marais, du canal de Cette à Beaucaire, du recreusement du port de Cette envahi par les sables, des graus d'Agde et de la Nouvelle, des batteries, redoutes et signaux récemment établis sur le littoral, des ponts et des grandes routes, des chaussées du Rhône, etc.

Sa haute intelligence et sa fermeté pleine de courage brillèrent d'un vif éclat dans la fameuse difficulté survenue en 1750, à l'occasion de l'établissement de l'impôt désigné sous le nom du « Vingtième ».

L'édit de Marly (mai 1749) ordonnait que, à partir du 1er janvier suivant, l'impôt de guerre du « Dixième » serait remplacé par un impôt permanent du « Vingtième ». On devait en commencer le recouvrement le 1er juillet 1750. Crillon, archevêque de Narbonne, président-né des États, assista le 29 janvier à l'ouverture de la session ; mais, comme il avait été officiellement informé des intentions du Gouvernement, il se retira, prétextant une maladie, et laissa pour le suppléer La Roche-Aymon, archevêque de Toulouse. Celui-ci, très intimement lié avec l'Évêque de Montpellier et comptant sur l'expérience et la sagesse de ce prélat, le prit pour sonseil. Villeneufve devint ainsi l'âme de l'assemblée.

Le Gouvernement voulait le vote de l'imposition et son recouvrement d'après les rôles de 1749 pour le Dixième, comme dans le reste du royaume. Les États, au contraire, demandaient que la levée se fît, dans la Province, conformément à ses privilèges. A la Cour, le parti était pris de briser la résistance des grandes corporations; en conséquence, les Commissaires du Roi refusèrent d'écouter les réclamations des membres de l'assemblée, prononcèrent la clôture de la session et ordonnèrent de biffer les deux délibérations du 5 et du 17 février.

Des lettres de cachet défendirent bientôt à 20 évêques de sortir de leurs diocèses et à 9 barons de leurs terres. François-Renaud, frappé un des premiers, adressa une longue lettre au comte de Saint-Florentin pour justifier la conduite des États. Il écrivit également dans le même but à l'ancien évêque de Mirepoix, au duc de Richelieu et à beaucoup d'autres personnages haut placés. Tous ces nombreux documents, avec leurs réponses et autres pièces officielles, sont conservés aux Archives de notre Département et forment un dossier considérable et inexploré. Toutes les démarches de l'Évêque de Montpellier furent insuffisantes à calmer le mécontentement du Roi; la grande assemblée ne fut plus convoquée, et durant près de trois ans le Languedoc n'eut d'autres administrateurs que les agents royaux.

Cependant, le 26 octobre 1752, sur un ordre du Gouvernement, les États se réunirent à Montpellier. Le Roi leur avait permis de reprendre leurs fonctions comme par le passé, mais en fixant le cérémonial qui devait être suivi à l'égard des Commissaires et une foule d'autres détails qui constituaient tout un nouveau règlement. Les Commissaires déclarèrent que le Roi voulait conserver les privilèges de la Province. Sur cette affirmation, l'Assemblée consentit à voter l'établissement du Vingtième, le don gratuit et les emprunts demandés.

Cette œuvre de pacification fut en grande partie le résultat de l'influence de Villeneufve, de son courage et de sa fermeté.

Après la tenue des États, les évêques de la province se réunissaient pour s'occuper des affaires ecclésiastiques et désigner ceux d'entre eux qui devaient les représenter à l'Assemblée générale du Clergé. Villeneufve s'y montra toujours zélé champion de l'orthodoxie catholique et y exerça la même prépondérance, soutenant avec persévérance les intérêts du clergé paroissial et attirant l'attention de ses collègues sur les nouveautés doctrinales.

Il signala également son esprit droit et juste dans la Chambre de son diocèse. La principale attribution de ce bureau ecclésiastique était d'établir, sur les bénéfices et autres biens d'église, la répartition des sommes imposées par l'Assemblée générale du clergé. Ses membres, véritables commissaires répartiteurs, jugeaient en première instance les contestations relatives aux décimes et autres contributions établies sur le clergé.

Parmi les volumineux documents de nos Archives, nous avons rencontré un dossier relatif aux bénédictins de la Chaise-Dieu, prieurs de Poussan depuis 1334. En 1742, noble de Montanier, seigneur de cette localité, leur fit don de sa terre, moyennant une modique pension viagère. Les religieux devinrent de la sorte, tout à la fois, prieurs et seigneurs de Poussan. Pour le *prieuré*, ils avaient toujours été imposés aux décimes par le Bureau diocésain de Montpellier ; mais, pour la *seigneurie*, on s'avisa seulement, en 1747, qu'ils n'étaient pas portés sur les rôles. Quand on voulut le faire, ils prétendirent avoir été imposés au Bureau diocésain de Clermont, en Auvergne; ce qui n'était pas exact.

Sous l'administration intelligente de Villeneufve, l'affaire fut portée devant l'Assemblée générale du Clergé, qui rendit un jugement (8 juillet 1760) en vertu duquel le bureau de Montpellier fut maintenu dans le droit d'imposer dans son département les revenus de la seigneurie de Poussan.

Au commencement du XVIIIe siècle, on estimait à 32,000 livres le revenu de l'évêché de Montpellier. Ce chiffre pouvait être assez exact au temps de Colbert ; mais le temporel de ce prélat ayant été saisi par ordre du Roi et confié à des administrateurs civils, ceux-ci se montrèrent sévères pour la rentrée des fonds et augmentèrent peu à peu le prix des baux et fermes de toute nature. Les revenus atteignirent ainsi facilement et dépassèrent la somme de 45,000 livres.

A Montpellier, les évêques n'avaient presque rien conservé de leur ancien domaine. Ils possédaient encore en partie le comté de Mauguio. En 1751, 1752 et 1755, la communauté de cette ville reconnut à Villeneufve la justice haute, moyenne et basse, les droits de lods, de chasse, de pêche et autres, avec foi, hommage et serment de fidélité, comme comte de Mauguio, sous l'albergue d'une croix d'or. A différentes époques et notamment en 1757, cet évêque échangea ou aliéna plusieurs terres et diverses parties de la justice, opérations qui furent confirmées par l'autorité royale en 1758.

Une des principales dépendances du comté de Mauguio était la baronnie de Carnon, avec toute sa justice, droit exclusif de pêche et faculté de pratiquer des maniguières, graus et pêcheries dans les plages et places vacantes, à la charge par l'évêque et ses successeurs d'entretenir les passages en bon état pour la sûreté et la commodité de la navigation. L'évêque percevait en outre la dîme sur les poissons et oiseaux aquatiques pris dans les étangs, à la charge de la foi et hommage au roi. Son plus grand produit lui venait du droit de seizain ou de péage pour tous les bois passant par les étangs depuis la Motte de Croixieux jusqu'à la montagne de Cette (poutres, planches, douelles, cercles, fagots, etc.).

Le seizain, sous Villeneufve, rapportait 4,600 livres en 1760. A cette époque, certains habitants de Cette refusèrent de payer les redevances réclamées par les fermiers de la mense épiscopale, sous prétexte que leur ville ne dépendait pas du comté de Mauguio. Là n'était pas la question : il s'agissait simplement de savoir si les bois, avant d'arriver à Cette, avaient passé par le canal et les étangs, chose qui ne pouvait être mise en doute ; aussi les négociants de cette ville furent-ils condamnés par le conseil de l'Amirauté. Néanmoins, survinrent peu après deux arrêts du Conseil du Roi qui défendaient à l'Évêque de percevoir le seizain. Le Prélat ne se tint pas pour battu et fit soutenir sa cause devant le Conseil. Ses justes réclamations furent entendues, et le 29 novembre 1764 il rentrait en puissance de tous ses droits seigneuriaux sur les étangs.

Le comté de Montferrand tirait son nom d'un château plus fortifié par la nature que par la main de l'homme, situé à 4 ou 5 lieues au nord de Montpellier, dans la paroisse de Saint-Mathieu de Tréviers, à 469 mètres d'altitude, et dans lequel Pierre Fenoillet fut inutilement assiégé par les troupes du duc de Rohan (1621). Le vieux manoir, dont l'entretien était coûteux, fut abandonné par les successeurs de cet évêque et ne tarda pas à tomber en ruines. Il fut démoli sous Colbert en 1698.

Nous ne ferons pas le dénombrement des localités et des domaines qui dépendaient du comté de Montferrand. On jugera de l'importance de la seigneurie par son revenu, qui s'élevait, sous Villeneufve, à 15,000 livres environ, non compris l'apport des arrière-fiefs. Plusieurs des droits féodaux avaient été abandonnés depuis longtemps par nos évêques, notamment le droit de 20 sols tournois sur chaque cent de bêtes à laine qui traversaient la vallée de Montferrand pour aller « dépaître » à la montagne.

Philippe de Valois avait cédé aux Évêques de Maguelone le marquisat de la *Marquerose*, qui comprenait la plupart des localités situées entre Montpellier et Balaruc. A l'époque ou Villeneufve présidait à notre ancien diocèse, la Marquerose avait perdu de son importance. Son chef-lieu était toujours le château du Terral, sur le territoire de Saint-Jean-de-Védas. Les revenus, non compris celui des terres non affermées et des arrière-fiefs, étaient d'environ 22,171 livres.

Notre Prélat aliéna plusieurs possessions de la Marquerose et du comté de Mauguio. Ces différentes opérations produisirent environ 25,000 livres qui furent employées en réparations au château de Lavérune, fort négligé les dernières années de l'épiscopat de Colbert et sous celui de Charancy.

Nos Évêques possédaient en outre, dans les anciens diocèses de Nimes et d'Alais, la baronnie de Sauve et les seigneuries de Saint-Hippolyte et de Durfort, qui leur venaient, par échanges, des rois de France.

En 1754, des contestations s'élevèrent dans le chef-lieu de la baronnie entre les maires et consuls, le gouverneur royal et Villeneufve. Les droits de ce dernier furent reconnus par arrêté du Conseil (1759) ; mais ces droits avaient une médiocre importance. Nous en dirons autant de la seigneurie de Saint-Hippolyte et plus encore de celle de Durfort.

Au milieu du siècle dernier, les charges dont se trouvait grevé le temporel de nos Évêques s'élevait à la somme annuelle de 14 à 15,000 livres.

François-Renaud de Villeneufve, évêque de Montpellier, et, comme tel, marquis de la Marquerose, comte de Mauguio et de Montferrand, baron de Carnon et de Sauve, seigneur de Saint-

Hippolyte, de Durfort et autres lieux ; chancelier, chef et juge de l'Université de Montpellier et conservateur des privilèges royaux et apostoliques de la Faculté de Médecine, garda jusqu'à l'âge de 84 ans l'habitude de se lever de fort bonne heure, afin d'avoir le temps de s'acquitter de ses devoirs de piété dans le calme avant d'être absorbé par le mouvement des affaires de son diocèse.

Le dimanche 19 janvier 1766, en plein hiver, à 4 heures du matin, comme il descendait à la chapelle de son palais pour y faire son oraison et célébrer la messe, il fit dans son escalier une chute dont il mourut le 24 du même mois, à 3 heures du matin. Ce même jour, quand on voulut embaumer son corps, on le trouva couvert de profondes cicatrices occasionnées par les instruments de pénitence dont il était encore chargé.

Le chapitre désigna son prévôt, La Croix de Candillargues, pour présider les funérailles, malgré la présence de nombreux évêques venus à Montpellier pour la tenue des États.

Une de ces misérables questions d'étiquette, si fréquentes au XVIIIe siècle, empêcha la Cour des comptes, aides et finances d'assister à une cérémonie à laquelle les membres des États avaient le pas sur elle. Les Facultés de l'Université s'abstinrent aussi pour le même motif.

Le cœur de Villeneufve fut déposé dans la chapelle de son séminaire et son corps à la cathédrale, dans le caveau du Chapitre. Au moment où la dépouille mortelle de l'Évêque allait disparaître, la foule se jeta sur le cercueil pour en arracher quelque dépouille. Les ornements pontificaux et les vêtements eux-mêmes furent déchirés et enlevés par lambeaux, au point que le cadavre fut laissé presque nu dans la caisse, chacun voulant avoir une relique de celui que tous considéraient comme un saint.

Villeneufve, en effet, avait réalisé le conseil de saint Bernard : « *In omnibus actis suis vel dictis, nihil suum quærat episcopus, sed tantum Dei honorem, aut salutem proximorum, aut utrumque.* » (*De More et Officio Episcoporum*).

FIN.

TABLE DES MATIÈRES.

www.ingramcontent.com/pod-product-compliance
Ingram Content Group UK Ltd.
Pitfield, Milton Keynes, MK11 3LW, UK
UKHW021004180726
13838UKWH00003B/1451